自伝 わが心の歌 ♪

古賀政男

展望社

西那須野で休暇を楽しむ著者　昭和35年

はじめに

歌謡曲は奇妙な一面をもっている。たいていの場合、受けとる大衆の側には、ただ歌手と曲そのものが意識されているだけであって、本元たる作曲者、作詞者に対しては、無関心の面が多いようである。

テレビの普及による大衆状況が出現し、作詞者、作曲者ともに、かなりのタレント化している今日においても、この点については、少しの例外を除いてあまり変りがない。まして戦前においては、この傾向は殆ど絶対的なものであった。この不幸は、わが国の大衆芸術の伝統に密着している。歌われ語られる芸術は、たいていの場合作詞、作曲、演奏家が一人で兼ねていたのであった。のちマスコミが発達し分業が確立すると、大衆は作詞、作曲家に対する関心を失ってしまったのである。

この様な伝統のなかにあって、全く奇蹟的な例外といえるのが古賀先生のケースであろう。デビュー作『酒は涙か』が発表されてからすでに何十年という歳月が流れているわけだが、大衆の間に『古賀政男』という名は、その瞬間から強烈に焼きつけられてしまったのである。それから新しい時代が幾度か出現しているわけだが、あたかも一つの伝統の様に、『古賀政男』

の名は、大衆の間に受け継がれてきたのである。

これは著者の生み出したメロディーが、作曲家への関心を呼び起こさざるを得ないほどに、激しい感動を大衆に与えたことを意味している。ということは、同時に『古賀メロディー』が昭和を生きぬいた人々が何を考え何を感じてきたか、また何を求めて何を悲しんできたか、この感動の数々を、最も率直に表現しているからにほかならない。いいかえるならば、昭和初頭からの古賀メロディーをならべるだけで、現代の日本人の精神史が、また、日本人の記録ができあがる、ということになるであろう。この『自伝　わが心の歌』はそのような意味でユニークな『昭和史』として価値をもつものである。

本書は初回の刊行にあたっては歌謡曲愛好者に若干数を配布した。その後たくさんの方々から普及版頒布のご要望を戴いた。この度、これにお応えすべく写真、図版等を本文に組み入れ新版となし、広く頒布する次第である。

制　作　者

自伝　わが心の歌

目次

目　次

目次

自伝　わが心の歌

わが心の歌

—序にかえて—

私が作曲をはじめたのは、明治大学予科三年生で二十一歳のときからである。それからすでに四十年以上が経過した。この間、私がつくった曲は三千五百曲ぐらいになる。若い頃には、地方の学校校歌あるいは寮歌、社歌などを頼まれると、無報酬で作曲を引き受けたものである。いま流行しているお座敷ソングのなかにも、明らかに私の若い頃の作品もあるが、それをとり立ててとやかくいうつもりは少しもない。

また、レコードや映画のために作曲したものもすべてがヒットしたわけではない。だが、私にとっては晴れがましくヒットした曲よりも、世に忘れ去られた曲のほうがいとしいと感じられる。不具な子をいつくしむ親と同じ思いである。山奥の温泉場などで、世にいれられなかった私の曲を口笛で吹いて通ったりすると「ありがとう」と後ろ姿に手を合わせたくなるし、また、久しく会わなかった肉親にめぐりあったような感慨にとらわれる。作品は血をわけた私の分身なのである。

ところが、あとに述べるように、私の作品は作曲家仲間・音楽批評家あるいは純音楽を看板とする人々から攻撃、批判されることもあり、そして中傷されたこともあった。しかも、時には執ように私の分身たちを葬りこの世から抹殺せずにおくものか、といった調子で攻撃されたこともあった。しかるに、長年月の間不思議と大衆が私の曲を愛してくれたし、数多くのヒット曲を出してきた。それは全く大衆の温い庇護のおかげであると思う。私も心ない批評にたいしては、血の気の多い頃にはほんとうに腹がたったものだった。しかしその頃、私は反論や弁解をすることなく一途に作曲の途を歩んできた。私の歌を心からわかってくれる大衆がついているということが屈辱に耐える支えとなったのだ。

私の作曲がヒットしたことについて、「なに、マスコミの力さ」とこともなげにいい放つ人々もいた。しかし、私の作品だって同じレコード会社が懸命に努力しても、売れ行きには個々にぐんと差がある。また、一時は売れてもすぐに売れ行きが止ってしまうのもある。歌謡曲界では、大衆が最後の審判者であり、ほんとうの決定者なのである。歌や音楽は、最高のそして総合的な文明批評であると思っている。なぜならば、歴史の時代区分すなわち世相と風潮は音楽にはっきりと反映していると思うのである。その時代の産業はどれほど発達していたか、技術はどれほど進歩していたのか、どのような社会が構成されていたのか、そして、その社会に生きた人々の思想と風潮等が、はっきり反映していると思う。バッハの作品にもモーツアルトの作品にも、またベエートーベンのそれにも、ブラームス、あるいはチャイコフスキーといった人々が残した、歌曲のライトモチーフは、みな〝時代〟である。
したがって、頭をひねり労をついやし作曲しても必ずよいといえないし、同時に人々は受け付けないこともある。何かの偶然で後世まで譜面が残ったとしても、後々の批評家や研究家たちの中には、「どうしてこの時代は、観念で音楽をつくる時代だったのか」と首をひねるに相違ないと思う。

私が西欧の楽聖を例にひくのはおこがましいが、私の曲は、それなりに私の生きた時代をつたえているつもりである。曲になったということは決して作曲者一人の力ではなく。同時代の人々の共感と支持がなくては曲が社会から抹消されるのである。その支持や共感とは、大衆が直感的に、その曲がその時代をどうとらえていたかということの最大公約数的な回答にほかならないと私は思う。私の歌には、『哀しみ』をテーマにしたものが多い。その歌が皆さんに支持されるということは、日本の社会に多くの哀しみが実在していることになりはしないだろうか。

一部の人々からは、金もうけがうまいとか、金のために作曲している、という批判が出されたこともあった。しかし、金もうけのためのみに作曲する人間がいるとすれば、恐らく、それは見込み違いであろうと考える。利益のみを追及するのであれば、芸術のみちでなく、手取り早い投機市場のほうが、判断の材料がずっと多いように思われるからである。

作曲の道はこれまで好んで歩んできたみちである。私は生命の続くかぎり作曲を続けるつもりでいる。いや、そうせざるを得ないのである。バレー映画『赤い靴』のヒロインは赤い靴に魅せられたばかりに、死ぬまで踊り続けなければならなかった。それは私にも通ずることであり、またすべての〝芸〟を志すものの宿命なのであろう。

三十数年前、私がひいたのはカラーチェの第一プレリュードだった。われを忘れてひきにひいた。拍手の音でわれに返った瞬間目から涙が溢れていた。こうした若いころの感激も年ごとに薄れいくこの頃、はるばるとこえてきた人生の山河が、まるですすきの穂のように遠くかすかに揺ら始めてきた。

希望に燃えてあこがれて
幾山河は越えたれど
幾山河は空遠し
親はらからもいつか逝き
語りし友もいまは消え
また春秋はめぐれども

越えねばならぬ人の世の
幾山河はまだはるか
幾山河は空遠し

戦争のときも平和のときも、私は一生懸命自分自身の心にそむかないように作曲してきたつもりである。幸いなことに、私の歌はみなに愛され数多くの曲がいまなお愛唱され続けている。しかし、できることならこのような歌は消え去ってほしい、と考えることさえある。そして、もう二度とこれらの曲がもてはやされるような世の中になってほしくないのである。作曲家にとって、自分の歌が失われていくということは限りなく淋しいが、やがてわが国にもきっと哀しみの歌が必要でなくなるときがくるからである。

〽陽の光　さんさんとして　風立てば
とうとう（カマキリ）の羽や　コスモスの花
コスモスの　花はかげろう影に揺れ
秋の想いに　ホロホロと散る

散ればまた　はかなしとやいわん秋風に
涙さそうな　コスモスの花

子供の頃から、金も名誉も地位もいらぬ、とひたすらに生きてきた六十年だった。人の世の愛を求めて歌に託した半生のさすらいであった。そしていま、孤独な初老の自分だけが残された。

逝く春を　惜しむ心はヴィヨロンの
絃（いと）に花びらつなぎとめ
静かにひけば音もなく
若き心の春も去り
またも花びら散るばかり

三つの感激

私は昭和四十年三月、ＮＨＫから放送文化賞をいただいた。村上元三さん、竹本綱太夫さん、森繁久弥さん、森戸辰男博士などが今回の受賞の顔ぶれであった。私が賞をいただいた理由は、「歌謡界の主流として常に新鮮な作品を発表してきた」ということであった。私が公共的な性格の機関から賞をいただいたのはこれがはじめてである。歌謡曲の世界では私が最初ではないかと思う。私の作曲歴はすでに四十年になるが、この間褒めていただいた記憶は少い。しかし、ひと言も褒めることもなく、またけなすこともなくして、私の曲をふと口ずさんで下さる人々だけが私の心の支えであり、その声なき人々が私を励まし続けて下さった。これは雨の恵み地の恵みにも似て、作曲家にとってこれより大いなる愛情はないと思うし、私ほど幸福な者はいなかったのではないだろうか。

NHKの授賞式に出席していたときのことであった。壇上の表彰者席に座っている私の指先に、ふと冷たい感触があった。パイプチエアのパイプにふれたのであった。至極当たりまえのことであったが、表彰を受ける人間の興奮と感慨が私を回想に誘いこんだ。

——あの時も、私の指先には冷たい感触があった。あれから何年が経ったであろうか。私はまだ明治大学の二年生であった昭和二年、あれからすでに四十年の歳月が流れ去ろうとしている。私は東北のひなびた温泉の人影のない谷間にいた。もう夏も終りに近づこうという頃で、谷底から見上げる空にはいわし雲が浮かんでいた。私はそのとき剃刀を手にしていたのであった。この姿を見たならば、老いた母は白くなった髪をふり乱して号泣するに違いなかった。

その頃私は貧しい苦学生であった。父に逝かれた幼い私は家を飛び出して上京し、苦学しながら明治大学に通っていた。空腹を水でまぎらわしながら講義に通ったのは、前途にバラ色の門を自分で作らねばとの気概からであった。これは前途に希望を託していたにからほかならなかった。だが、卒業期が近ずくにつれて、私のロマンチシズムは急速に崩壊していった。前途には、ただ灰色の重く沈澱した社会が横たわっているだけだった。鋭い痛みが何度も首筋を走った。私は未練きわまりない男であった。一と思いに剃刀を走らせることもできないのだった。死ぬことさえできないではないか。私は谷底で慟哭した。そのときである。この地に一緒に来ていた友人の誰かが、谷上から私を探し求める声であった。

我にかえった私は、友人のもとに戻り泥酔を求めて浴びるように酒を飲んだ。しかしついに酔えなかった。そして、胸の欝屈は凝固した様になった。この苦悶の後に一つの詩が出てきたのである。

影を慕《した》いて

へまぼろしの
影を慕いて　雨に日に
月にやるせぬ　わが想い

つつめば燃ゆる　胸の火に
身はこがれつつ　しのび泣く

わびしさよ
せめて痛みの　なぐさめに
ギターをとりて　爪弾《つまび》けば
どこまで時雨《しぐれ》　ゆく秋ぞ
トレモロさびし　身は悲し

君故に
永き人生《ひとよ》を　霜枯れて
永遠《とわ》に春見ぬ　我がさだめ
永ろうべきか　うつせみの
はかなき影よ　我が恋よ

そして、失恋に託したこの絶望的厭世の歌が、後日、私に一条の活路をはじめて開いてくれたのであった——。

表彰式はすすんで、私はＮＨＫの前田会長さんから記念品と表彰状をいただいた。

芸術家のなかには、お祝いを受けることをあまり喜ばれない人もいるようである。また「くれる物はなんでも貰っておく主義だ」などの人もある。しかし、私には真実心の底からの喜びがこみあげてきて嬉しかった。

作曲家業は、いくら耳をかさないでおこうとしてもやはり悪口は聞きたくなる。そしてどんな悟り澄ました顔をしていても、心底では批評は気になる。私も生身の人間なのであろう。なかには『歌謡曲トイレット論』などというものもあった。それもまた結構であるが、この世界に生きる人々も懸命である。浮沈が激しくそして奔流が絶えず渦まいている社会である。その世界にあって私も懸命に生きてきた。振り返ってみると無数の山河を越えてきた。たゆまぬ努力も続けてきた。それが、いまかなえられたのだ。嬉しいのは当然ではないだろうか。ここ一、二年嬉しいことが続いている。

そのはじめは、ＮＨＫから『東京五輪音頭』の作曲の委嘱を受けたことである。「なんだ、仕事を頼まれたんじゃないか」といわれる方もあるかも知れないが、私はそうは思わない。全世界の方々が唄って下さる歌の作曲を依頼されるなどとは、作曲家にとって最大の名誉というほかはない。

〝四年たったらまた会いましょと……〟という歌の文句のとおりに、私の五輪音頭は、メキシコ大会にも唄われることになったので、有難いことだと思ったのである。

国内でも、この歌は五社から六種が発売され、テイチクの三波春夫の百五十万を筆頭に、全部で三百万枚ほど売れたように聞いている。印税なしだから、正確なことは私にもわからない。この東京五輪音頭の曲想は、あまり苦労することなく自然に浮かんだものだった。これはローマオリンピックの年で、ここではすでに競技は終ったあとであったが、私はその頃ローマを旅行中であり、オリンピックの終ったあとの競技場を案内人に導かれながら見て歩いた。日本とイタリーの小旗を手にした若い案内人は、非常に親切で気持よかったが、「あと四年たったら、今度は貴方の国日本ですよ」と私に云った。私はその時非常に強い感動を覚えたものだった。

東京五輪音頭の詩が手渡された時、私は「四年たったらまた逢いましょ」という詩を読んで、三年前日本とイタリーの旗を持った案内人のいった言葉を思い出していた。『つわものどもが夢のあと』のガランとしたスタジアムには人影はなかった。しかし、それはどのようにして力が競われたかを、私に想像させるには充分であった。三年前の感動が私の胸に再びよみがえってきた。それからまもなく私はメロディーを書き上げたのである。

昨年はまた、私の還暦のお祝いを盛大にしていただいた。私は昨年、本当はメキシコへ行くつもりで還暦にはなんの催しもやらないつもりでいた。日生劇場で踊の会があったとき、長谷川一夫君にばったり会った。

「先生、還暦ですね。会をおやりなさい。私は、『影を慕いて』で踊りたい」とさかんにすすめて下さった。それからは方々から、「会をやれ」と盛んにすすめられるのでついに踏み切ったのであった。準備は一切委員会まかせにしておいたが、TBSから放映しようという申入れがあり、東宝の菊田一夫さんも、「宝塚劇場をあけよう」といって下さった。私の誕生日は十一月十八日であるが、山本富士子も大阪の歌舞伎座が終れば体があくというので、大安の日を選んで十二月十日にすることにした。山岡荘八、村上元三の両君も「オレたちにも何かやらせろ」といい出した。私は客席が湧くようなものを……と思って、『羽根の禿』を踊ることにした。そして、当日は養老院の方々を全国から百二十人ほど御招待して、楽しんでいただきお土産をさしあげることにした。これは、私の母の思い出につながっている。『影を慕いて』『酒は涙か』のヒットした頃は、九州にいる母を呼びよせようと思ったが実現できなかった。その私の想いを養老院のお年寄にということで、御招待することにした。

この養老院招待計画に帝産オート社長の石川さんも賛成されて、バスを出して下さったのである。出演する歌手は、私に関係のある各社の方ということで藤山一郎、ディック・ミネ、村田英雄、美空ひばり。小林幸子といったベテランと新人が五十人も集まって下さったうえ、長谷川一夫君、山本富士子、森繁久弥さんなどと、滅多に実現しない豪華な顔ぶれとなった。これは平井賢氏のお力ぞえの賜物である。山本紫朗君のお世話で会もスムーズに進んで、私が『羽根の禿』を志津太夫氏の長唄で踊った。

長谷川君の踊った『影を慕いて』は、長谷川君らしい解釈で、あの曲を単なる悲恋ではなく、一人の人間の生か死か、ということで木村重成の奥方・白妙として踊ってくれた。振付けもよかったが、長谷川君は涙を流しながら踊って下さった。芸への気魄と精進にはただ頭の下がる思いであった。

生をうけて六十年目、こうして、華やかに祝われるにつけても、思い出されるのは、おぼろげな故郷の遠景であり、いまは遙かな父母のことである。

この会のショウで私の四十年の作品が唄われた。この詳細は後述『身辺の記』の項に主だった出演諸氏と歌詞の一部を掲載した。

遥かなる山河

父のこと

私の顔のうえに、たそがれの筑後の空が、見ごとな茜色に染めあげられて広がっていた。父の歩みにつれて、美しい空は左右にゆったり揺れ、時のうつろいを映して、すばやく微妙に変化していった。田面を渡ってくる夕方の風が、私の頰にいいようもなく心地よかった――。

「まさお」「正夫」、私は突然母にゆさぶり起こされる。「まあ、なんちうことを！　父さんは疲れていなさるというに……」私はいつの間にか眠りこんでいたのだった。慌てて起きあがろうとする私を、兄たちや、姉と弟がいつも笑顔で覗きこんでいるのである。

私が物心ついた頃、父は貧しい瀬戸物行商人であった。天秤棒を担ぎ、二つの畚(ふご)に、日常使う瀬戸物を山のように積みあげ、村から村へ、そして町へ、雨の日も風の日も行商して歩くのであった。いま考えると、肩に担ぐだけの瀬戸物を仕入れる資本さえも、父は持ち合せていなかったようであった。早朝、空の天秤を担いで町に出た父は、問屋から信用で瀬戸物を貸して貰い、夕方になると再び問屋によって、一日の売りあげを清算し、残った瀬戸物を問屋に返して、再びからの天秤を担いで帰ったからである。

いや、帰途につくときの父の天秤は、決してからではなかった。一日の収入から、何がしかのわが家の生活の糧を町で購入して運んだ。そして片方の畚《ふご》にも途中で荷物が待ち受けていた。それがこの私であった。

その頃の私にとって、一日のうちの最大の愉しみは、夕方、父の天秤に揺られながら、僅かな時間を睡ろむことであった。私は毎日、父の帰る時間をはからって村はずれの道まで必ず迎えに出た。小豆粒のような父の遠景が次第に大きくなり、やがて私の傍に立って笑顔でいうのであった。「正夫、乗れよ」そして、家に着くと母にたしなめられながら目を覚すという結果になる。

当時のこの習慣を思い起こすとき、私の胸はいつも悔恨で疼く。なぜなら、私が無心で寝入っている間、父は家に運ばなければならぬ生活の品と子供の重みを肩にし、人生の重荷を苦く噛みしめ、疲れをひしひしと感じていたにちがいないからである。当時の父は五十歳には少し間があったはずであるが、短命の父にとって、その時代はすでに晩年であったのだ。

五歳のとき死別した私には、もともと父の記憶はあわいが、私の胸に面影を宿している父は終生強い男であった。その頃のわが家の経済状態からすると、暗いさまざまの出来ごとが絶えず継起していたはずなのだが、父の屈託した表情は全く思い出せない。実際、父が帰ると、家のなかは突然陽が射しこんだように明るくなった。ほの暗い洋灯《ランプ》の下で囲む夕餉は、わが家の貧しさを物語るものでもあったが、父の坐っている食卓はつねに陽気で楽しかった。夕餉が終ると、私は一日の最後の日課にとりかかる。「正夫、さっきは父さんに重い思いをさせたのだからね。さあ、肩を叩いておあげ」母は私に命ずるのであった。実は、私も母の声がかかるのを待ち受けているのであった。

幼ない私がいかに力をこめて叩いても、父の肩の凝りをときほぐせるはずもないのであるが、それでも、駄賃として必ず二銭銅貨を貰った。当時の二銭は、子供にとって素晴らしいプレゼントであった。まだ、何厘という銭が通用していた時代なのである。それに、二銭玉というのはたっぷりと大きく、幼ない私の掌からはみ出るほどであった。いかにも自分の使用価値を主張しているかのようで、何か頼母しく感じられた。私は貰った二銭玉をしっかり握りしめ、触感を楽しみながらやがて寝入るのであった。

私は、明治三十七年十一月十八日福岡県三潴郡田口村に生まれた。父喜太郎が四十五歳のときであり、男六人、女二人の兄弟姉妹のうち私は六番目の子供にあたる。兄四人、姉弟、妹〈幼少時死亡〉父は私を正夫と名付けたのだが、北九州にはもともと古賀姓が多く、また、正夫というのもありふれた名前なので、いたるところで同姓同名の人にお目にかかるという結果になる。そこで、作曲の仕事をするようになってから正夫を返上して、政男と名乗るようになった。私が育った頃、村人から『茶わん屋』と呼ばれるほどに貧しかったが、それほどに家がなぜ零落していたかはわからない。

古賀家はもともと三潴郡の地侍であった。本家は、当時でも広壮な邸を構えており、また村にも、古賀一族の遠祖が築いたという城趾が残っていて、私たちの誇りとなっていた。

そのせいか一族には軍人が多く、母の従兄に当たる古賀治人は久留米の師団長をつとめ、その弟の寅雄も陸軍中佐まで進んだように記憶している。何かの事情で、私の家は急にかたむきだしたに違いないのであるが、父母が死んだ今となっては、尋ねるよすがも全くなくなってしまった。

筑後川のほとり

かつて森繁久弥君が、つぎのような句を贈って下さったことがある。

柳川や、白秋ありて、古賀ありて

白秋先生とならんでよみこんでいただくのは、全く恐縮のかぎりであるが、私の故郷はさきにもいったとおり、旧田口村——いまの大川市である。白秋の柳川が、全国に響きわたっているため、生国を聞かれると、つい「柳川近くです」と答えてしまう。

柳川と大川とは、わずかに一里足らずの距離のへだたりにすぎないが、町のいたるところに、詩情をただよわせている水郷柳川と、大川とでは似ても似つかぬ存在である。風景らしいものといえば、雲仙嶽の雄姿が遠望できるだけで、水田の果しない広がりと、その中を貫く白い往還路、そして、点在する草深い農家がその頃の大川のすべてであった。牧歌的というには、あまりに単調で退屈きわまりない眺めである。村を支配する静寂は、時々カン高い汽笛に破られた。往還路沿いに柳川まで軽便鉄道が通っていたからであった。

村の悪童たちは、この退屈な風景のなかから無数の遊び場を見つけ出した。まず第一は、村のなかを縦横に走っている堀割である。私の家のまえにも堀が通っていて、晴れた日、川魚が輝きながら跳ねるのが見えた。清らかなせせらぎの底は、私たちにとっては動物園であり、不思議なお伽の国でもあった。堀割は田の灌漑のほかに、藺《い》草を漬けるためにもつくられたものであった。私の村では、水田の裏作として藺を栽培しており、畳表とゴザが大きな収入となっていた。藺は織る前に、しばらく水に漬けておかねばならないからである。

野良もまた手頃な遊び場であった。私たちのそばには鵲《かささぎ》がいつも舞っていた。白秋も鵲に望郷の思を託して、『帰去来の詩』を唄っている。

山門はわが産土（うぶすな）
雲あがる　南風（はえ）のまほら
飛ばましい　いまいちど
帰らなむ　いざ鵲

それにしても、鵲は器量も声も悪るく、かつ性悪な鳥で、巣でもつつこうものなら物凄い形相で襲いかかってくる。ここで、私の故郷の風物詩についてふれておきたい。

三月になると、村人は総出でかい堀を行った。堀をせきとめ、水をかき出して川底をさらうのである。水が減ってくると川魚が跳ねはじめる。子供たちもそれが楽しみで手伝った。とった魚は村人たちが公平にわける。労働というよりは楽しいリクリェーションであった。

かい堀の頃は、また菜の花とレンゲの季節で、村は華やかな色どりの中に埋まった。レンゲ畑に寝ころんでいると、四肢の疲れが自然に脱け出していくように感じられた。空には羊のような雲がいくつも流れて行き、私を空想の世界に誘いこむ。菜の花畑は子供たちのかっこうのかくれんぼの場所になった。一日中遊んでいると、着物は花粉で真黄色に染めあげたようになり母に叱られた。花粉は洗濯しても落ちないからである。また潮干狩の楽しさも忘れ難い。干満の差の激しい有明海は、シーズンになるといつも黒山の人出で賑わった。早朝のうす暗い筑後川の川面にポンポンポンと潮干狩の客をのせた船が、いく隻も発動機の音をこだまさせながら下っていく。有明海の潮の満干きは超特急である。貝掘りに気を奪われていて、あっという間に海の真中にとり残され、絶望的な恐怖感にとらえられたことも、昨日のことのように思われる。

有明海といえば、故郷の魚の味はみな素晴らしかった。ミロツゲ、タイラゲ、アゲマキ、ムツゴロ、ウミタケ、クツソゴ（カレイの一種）など、みな懐しい名前である。魚たちはお伽話の主人公でもあった。

アゲマキが主人公のお伽話を母から聞かされたことがあった。アゲマキとは貝の一種で、「アゲマキがなんとかいう魚と相撲をとって投げられたとき、片足を折ってしまって、それから片足が不自由になった」たしかそのような話だった。

夏の訪れとともに、村人たちには難行苦行がはじまる。現在のように殺虫剤のない頃のことであるから、堀割は蚊の大量養殖場となった。うっかりしていると、「ほうら　蚊あん、ミノんごっ下がっとる」ということになってしまう。蚊がうんと血を吸って尻から血を流す。その血にまた蚊が数匹ぶら下って、ちょうどミノみたいな状態になってしまうのである。それに大川や柳川あたりの蚊は、強く刺されるととても痛くてかゆかった。当時はカヤに入るか、やたら蚊やり火をくゆらせる以外に手がなかった。これをやる人は煙にむせび、涙をこぼしながらの仕事で、たいへんな難行だったのである。煙が少しでも薄らぐとすばしこく蚊が襲いかかってくるのである。

煙にむせびながら、村人は夜おそくまで怪談話にふけった。草深い土地だけに、怪談には迫力があって子供心を脅かした。ヤブからタヌキやキツネが出て人を化すとか、ハゼの木に〝ブラットセ〟（馬の首）が下るとか、火の玉が走るとか、たいてい定式どおりのものであったが、子供心に抱いた恐怖心の影響はずっと後年まで私には残った。

小学生のころ、夏休みのある夜、母と映画見物に出かけた帰り道のことであった。急に目の前に五十歳ぐらいゴマシオ頭で羽織を着た偉丈夫が立った。砂道なのに足音ひとつしない。私は総毛立つのを覚えた。「タヌキだ！」と叫ぶが早いか、私は母の手を引いてひた走りに走って家に馳けこんだ。脅迫観念がこうじての幻覚だったに違いないのだが、そのときは真剣だったのである。

筑後の夏の名物はスコールである。それは夕立とはまた違った物凄いもので、土地では『三十五度の通り雨』と呼んでいた。とにかく、村を洗いつくさんばかりの勢で降る。それが過ぎるとまことに爽々しい。

通り雨が来る頃、藺の刈入がはじまってどこの家も忙しくなる。私の家では母と姉がゴザや畳表を織った。八方美人といわれていた私は、いつも母からおだてられて、藺草の織り端のミミを取る手伝いをした。

秋の収穫が終ると厳しい寒さが襲ってきた。そんな霜夜、凍てついた大地を地響きさせて、いくつもの足音が村を馳け抜けていった。村人が『裸ン行』と呼んでいた有志たちの修行が始まったのである。足音を聞きつけると村の人々は、手桶に水を汲んで家の前におく。行をする人々は素足のフンドシ姿で、その水をつぎつぎかぶって行くのである。

霜降る夜、どうして凍てついた大地を素足で踏まねばならないか。なぜ冷水を頭から浴びて、わが身を苛む必要があるのか。子供心に奇異を感じたものだった。どうも筑後の人は、わが身を自ら厳しく絶えず責めあげ、なにかつねに道を求めて止まぬ、といったストイックな血が流れているような気がする。私の耳に「どおん」「どおん」という裸ヶ行の人々の足音がよみがえってくる毎に、私にはいつもそんな思いが胸をよぎるのである。

父の死

重い天秤棒を肩にして一生を歩きつづけた父は、弟治朗が生まれた直後の明治四十二年ついに病に倒れた。正確な病名は知らないが、肝臓が悪くなったのである。父は床についたとき、すでにかなりの重態で、すぐに福岡医大の付属病院に入院しなければならなかったほどであった。おそらく、もうどうにもならなくなる忍耐の限界まで、天秤棒を撓ませて、背をかがめながら歩き続けていたのであろう。このような父がいとしまれてならないのである。

母は入院した父の看病につきそったため、一年あまり家を留守にした。まだ乳飲児であった弟（留吉といった）は親戚にあずけられ、留守には三人の兄と姉、私とそれに祖母が残った。四人の兄のうち長兄福太郎は、私が生まれるまえに、奉公のため朝鮮に渡っており、すでに家にはいなかった。父が死んだ日のことは、いまでも鮮烈な記憶となって残っている。

母の留守中、私はいつも姉フヂの傍で過ごした。当時、姉はすでに十五、六歳になっていたはずであるが、暖かい心の持主で、私たちを大へん可愛がってくれた。後年、西条八十さんから『誰か故郷を思わざる』の歌詞をいただいたとき、思わずギクリとした。

へひとりの姉が嫁ぐ夜……に、私もやはり〝小川の岸〟で泣いたのであった。この姉にたいする私の敬慕の情が、八十さんの歌詞に、あまりにも適確に唱いこまれていたので、一瞬、私の日記を盗み見されたのではないかと疑ったほどであった。姉は土間で畳表を織りながら、手伝う私に自分の創作した童話を、毎日くりかえしくりかえし聞かせてくれた。姉の語るストーリーは、英雄少年が悪者退治のための長い冒険旅行に出るというものであった。途中で腹をすかせた少年に路傍の梅が同情し、「それでは、私の実をちぎって持っていきなさい」という。少年が実を摘むと、梅は「イタイッ」と悲鳴をあげるのであった――。

私は大そうその話が気に入って、飽きもせず姉の話に聞きほれた。その日の午後も、たしか、同じ話を聞きながら姉を手伝っていた。ところが、二人とも途中で猛烈な睡魔に襲われ、眠りこんでしまったのである。どれほど時間が経過したかわからないが、私は突然、戸口に父の姿を見た。父が帰るとは聞かされていなかったので、私は驚いて叫び声をあげた。玄関口に立った父の姿は夕陽を背に受けて、黒いシルエットになってくっきりと浮かびあがっていた。

ところが、表情はどうしてもわからなかったし、父は一言も喋ろうともしなかった。不安に襲われた私は、父のもとに馳けよってとりすがろうとしたとき、父はすっと仏間のほうに入ってしまったのだった――。

私はそこで眼を覚ました。ことの次第を姉を起こして話すと、姉も同じ夢を見ていたという。それから一時間も経たぬうちに、家には危篤と死亡通知の二通の電報が同時に配達された。その頃、私の村に電報配達人が姿を見せることはめったになかった。配達人の声を聞くだけで、私たちは事態を悟らなければならなかった。明治四十三年三月二十八日の夕方のことである。父は五十歳であった。

二、三日後、母は骨壺に納まった父を伴って家に帰った。そして、私たちの夢に符合する不思議な話を聞かせてくれた。父が危篤状態に陥って、医者が「親戚の方をお呼び下さい……」と母にそれを伝えた直後、父はにわかに昏睡から覚め、母を枕許に呼んでいった。

「せつ、わしは田口村に帰えってくるよ」母はその言葉に驚いていると、「なあに魂は自由自在だよ」と父はつけくわえたという。それから、再び昏睡状態に陥って、さらに覚め、母をもう一度驚かせた。「村に帰ってみたら、正夫もふじ子も元気だったし、仏前の花も枯れていなかった」といって、それから再び昏睡に陥り、二度と覚めようとしなかったという。

母はもう一つ、父の辞世に当たる歌というのを私たちに披露した。

撫子の花に変りはなけれども　おくれて咲くが　哀れなりける

母の説明によると、この歌は弟の治朗のことを案じたもので、父の死後は、子供たち全部が苦労しなければならないだろうが、後に生まれてきただけ、苦労が長いのが可哀いそうだという意味なのだそうである。しかし私には、この歌がどうもできすぎている、と思わざるを得ない。父は短歌をものする風流人ではなかったから、死の直前になって、急に歌がよめるはずはないからである。母が創作したか、あるいは誰かの作を借りてきたのではないかと思う。そして、私たちの夢に符合する話も、あるいは母の創作であったのかも知れない。

しかしそれだけに、私には寡婦になったときの母の不安がわかるような気がする。魂の実在をいささかも疑わなかった母は、死後の父が、霊界から私たち一家を庇護し続けてくれることを期待していたにちがいないし、それが唯一つの頼りであったはずである。そこで、父の魂の不可思議な話を創作し、自分にいい聞かせ、信じようとつとめていたのではないだろうか。貧苦のうちに多くの幼児を抱えたまま残された母は、そうでもしなければ、不安にたえずつきまとわれてどうにもやり切れなかったのであろう。

母のこと

父の法事を済ませると、それまでも働らき者であった母は、まるでなにかに憑かれたかのように、一層烈しく仕事に精をだした。

私はその頃、母がいつ寝るのかまるで知らなかったほどである。早朝のうちに、わが家の田畑の手入れをすっかり済ませてしまった母は、朝食後から暗くなるまで、来る日も来る日も村内の農家を手伝って歩き、夜になると、いつまでも暗い土間で一心にゴザを織り続けていた。それでも母は決してぐちを洩らさなかった。〝情けは人のためならず〟というのが、母の口ぐせであり、またそれを実行した。

田口村の往還路をよくお遍路さんが通った。同行二人と墨で書いた笠をもち、澄んだ鈴の音を遠くから響かせながら、村までとぼとぼ歩いてくる。陽に赤く灼けた横顔には、一ように深いしわが刻み込まれていた。それは、贖罪の旅に彼等を駆りたてた懊悩がもたらしたものか、あるいは遍歴の旅の疲れによるものか、私にはよくわからなかったが、実際その頃のお遍路さんには、貧苦に故郷を追われた流亡の人々もかなり多かったようである。

お遍路さんたちは、行き暮れると村で宿を乞うて歩いた。邪けんに断る家もあったが、母は夕暮れ時に出会ったお遍路さんをよく招いてきて家に泊めた。どうして、あんな坊さんを泊めるのと私たちは母によく抗議したが、母は全く意に介する風はなかった。ながせ雨(つゆ)の頃になるとお遍路さんが、一週間も十日間もつゆの晴れ間を待って逗留していることがあった。彼等の表情はほっと安堵している風でもあり、また、天候を案じて真実困っている風でもあった。母は彼等のそんな思惑には一こう頓着なく、ハッタイ粉に黒砂糖をまぶしたもので、いそいそともてなした。母はまた親のない子にも無関心ではいられない人であった。私の傍に遊んでいる孤児たちにも黄粉をまぶした握飯がよく振舞われた。後年関脇まで進んだ大潮（私たちは足長バチと呼んでいた）も、母の握り飯を食べた一人である。

　その頃のある日、差出人不明の小包郵便がわが家に届いた。丁ねいな包装を解いてみると葉巻の箱がでてきて、なかには綿が敷かれ数粒の美しい玉が魅惑的な輝きを放っていた。前代未聞のできごとである。それはしんじんの玉だった。母が嘆声をあげた。その頃私の田舎では信心と結びつけて真珠をそう呼んでいた。小包の消印はたしか三重県のものであり、わが家に泊まった遍路さんの誰かが母に送ってくれたお礼であったにちがいなかった。

　私には一人の妹があった。市丸さんや水谷八重子さんたちと同じく丙午の生まれであったが、二歳のとき死んでしまった。そのせいもあって、私は二番乳を飲むほど母に甘えて育ったのである。いつの頃であったか、ある夕暮れのことである。その日は朝から雨がそぼ降って肌寒かった。母は村の田植えに出かけており私一人が家に残されていた。夕方になって家のなかは薄暗くなり、心細くなった私は泣きじゃくっていた。そんなとき母が突然帰ってきた。私はいよいよ大声で泣きながら、立ったままで母の胸許に縋って乳を飲んだ。母の仕事着は冷たく濡れていたのであるが、その胸許から信じられぬほど、暖かい豊かな乳が涙とともに、私ののど許に流れこみ、私を一種の陶酔に誘いこんだ――。

私の記憶では、五歳ぐらいまで弟をさしおいて母の乳房にすがりついていた。そんなせいか本質的に甘ったれで、感傷的な私ができあがってしまったのである。

ふるさとあとに

その頃、長兄福太郎は、すでに仁川きっての鉄問屋であった徳本商店の上席番頭をつとめ、かなり羽振りがよかった。主人の信頼も厚く、このため次兄時太郎、三兄金蔵、四兄久次郎もみな長兄を頼って徳本商店へつぎつぎに奉公した。母も、父が死んでから二年たった大正元年の夏、ついに長兄の許に移住する決意を固めざるを得なくなってしまった。

私が大学生になってから聞いたところによると、当時、ゴザの市価は三十銭にすぎず、藺を栽培する手間を入れても一枚五銭の収入にしかならなかったという。それではどれほど母が働らいても収入は僅なものであった。

また当時、暗いできごとが続いたことも母をすっかり弱気にさせてしまったのであろう。父のあとを追って祖母がすぐ死に、それに加えて納屋から不審火がでて半焼するという事件もあった。そして、泥棒にさえ入られたのである。しかも、それが村の人であったことがいよいよ母を不安に陥入れたようであった。

母は仁川に移ることを決めると、金に換え得るものはすべて売り払って旅費をつくり、信玄袋とバスケット二つに身廻り品をつめ、袋は自分でかつぎ、バスケットは私と姉に持たせた。私たちは日中の炎暑を避けて、夕方軽便鉄道の駅に向って家を出た。弟治朗はまだ三歳にすぎず、疲れた負ってくれと、さんざん泣いて挺摺らせたのを覚えているが、誰の手もあいていなかった。私は途中で重大な失敗を思い出した。その頃、私は田口小学校の二年生であったが、ちょうどその日は兎当番に当たっていた。夏休み最中なので、私が草をやらずに出発すれば、兎たちは餓死するかも知れなかった。私はバスケットを姉にあずけると、一目散にかけ出した。駅に戻ったときは、軽便鉄道の列車が出たばかりで、これにおくれるとさらに何時間かつぎの便まで待たなければならなかったが、母は一言も私を叱らなかった。大正元年八月一日のことである。

流転

流転

釜山に上陸すると風物は一変する。母にとってはずいぶんと心細い旅であったにちがいなかった。そこで母は、くりかえし繰りかえし兄にたいして到着時間を知らせる電報を途中で打った。まるで、駅で出迎えを受けなければ、それっきり兄たちに会うことができず異郷を流浪して歩かなければならない、と固く信じ込んでいるかのようであった。

仁川の駅に到着したとき、母の心配は現実となった。プラットホームには誰も出迎えていなかったのだ。大川からみると、仁川は近代的な大都市であった。誰もが忙しそうであり、明らかに田舎者とわかる私たちに注意を払う者さえいなかった。そうした不安の時間を暫くすごした頃、三兄金蔵と四兄久次郎の二人が急ぎ足でかけつけ声をかけてくれたので、母は安堵の色を浮かべて喜んだ。

徳本商店は仁川本町に堂々たる構えをもっていた。主人の徳本さんは四国の出身で、早くから朝鮮に渡った人で成功組の一人に数えられていた。苦労人の徳本さんは、われわれをすぐ奥座敷に通して旅の疲れをねぎらい、もう心配することは何もないのだからといった。

「母上、御壮健で何よりです」と兄はいった。

「母上さえ、御不自由を少し御辛抱願えるなら、なんとかやっていけるにちがいありません。何しろ、私もまだ一人前ではありませんから……」

そして私にも、「しっかり勉強するんだね。人間は辛抱が第一だよ」と教訓を垂れた。

やがて、兄弟たちが全部集まってきた。母は何度も徳本さんの前に手をついて畳に頭をすりつけた。

「ほんとに、何とお礼申しあげていいやら、永い間子供がお世話になったうえ、私どもまでお世話になるなんて、……」

「あんたも子福者でお仕合せです。」

徳本さんはにこにこ笑いながら母を眺めていた。こんなふうな、挨拶のやりとりがあった。

仁川ではもう一人母を迎えてくれた人がいた。それは母の従弟に当る草刈兵衛であった。この人も、明治の末年仁川に渡って、まずクリーニング屋をはじめ、それに成功すると、農機具問屋に転換し、いまでは南部朝鮮の有名な成功者となっていた。

草刈商店は仁川仲町にあり、徳本商店を上廻る堂々たる構えであった。草刈家には、私より三歳うえの良介君という少年と、私と同齢の春江という少女がいた。私は二人とすぐ仲よしになった。

こうして仁川での生活は、平穏にすぎた。母もとにかく満足そうであったし、少しばかり店を手伝いさえすれば、兄たちも特別に私にたいして干渉するようなこともなかった。その年の九月、長兄福太郎は田口村から、私たちの遠縁にあたる人を迎えて結婚した。

音楽の芽ばえ

話に前後するところがあるが、少年時代の私と音楽について述べると、一族のなかで音楽家となった者は私のほかには誰もいない。私の幼年時代の音楽的な家庭環境は皆無であった。今になってみると、それがかえって今日の私を育ててくれたように思う。いま、住宅地や団地の母親たちの間には、子供に音楽教育をほどこすことが流行しているそうだ。それ自体は素晴らしいことであるが、私にはちょっと心配がある。それは教育目的が、音楽のある豊かな人生を子供たちに送らせようということにあるならば、私はそれでもいいと思うが、子供たちのタレント開発を願っておられるのであれば、私には私なりの意見がある。

私は音楽をはじめとする芸術教育の効果をあげるためには、家庭環境にすごく刺激が満ち満ちているか、それとも全く無いかのどちらかがよいように思う。中途半端なのがいちばんいけない。いいかげんな音楽環境で育つと、音楽などは空気のように、なんの魅力も感じなくなる人間に育つ危険がある。モーツアルトのように、ありあまる刺激は子供の天分を幾重にも開花させようとし、これと反対に刺激から全く閉されると、欠乏感から激しい志向を子供の内部に燃えあがらせるのではないかと思う。私の場合がそうであった。

変化のない筑後の農村で、子供心をときめかせたのは旅まわりの劇団とサーカスであった。桃割れ髪にゆうぜん姿の娘が、月琴と四つ竹の伴奏で踊るふぜいは、私たちにとって、唯一つの文化であり娯楽でもあった。

秋になると、鎮守の森にサーカスがかかった。うらかなしい『天然の美』をかなでるクラリネット。それが私の見た最初の西洋楽器で、私は朝から晩まで、サーカス小屋のまえに立ちつくして不思議な音色に聞き惚れ、まるで夢心地であった。村にはまた門づけの旅芸人がやってきた。こちらの楽器は月琴であった。月琴の音が聞こえはじめると、自分ながらおかしくなるほどに心臓がときめき、呼吸さえ切なく乱れてくるのだった。一日中、月琴の音色に誘われて村をうろつき廻り、ふと気づいて家に帰るのはたいてい夜であった。

私はおませで八方美人といわれていた。家の掃除、自分の衣服の洗濯を得意になってやった。だが、月琴やクラリネットの音が聞こえてると、この重宝な八方美人もあてにはならなかった。ある西洋の童話に、笛師の音に誘われて、町中を占領していたネズミたちの大軍が海に飛び込む話があるが、私はそのネズミそっくりの存在であった。

「おまや、すごて（素五体）で、なんばしよったか」そんな私に母の小言が飛んだ。私は何度小言を聞いても一向に頓着しなかった。子供ごころにもその頃の私の大きな願いは、どうにかして自分の楽器をもちたいということであった。とくに月琴が欲しかった。そして自分の手で楽器を演奏してみたいという衝動に絶えず駆られていた。この願いは私の家庭環境ではとうていかなえられそうもないものであった。

そこで、私は姉から古い羽子板をもらって、小さな釘を打ちつけ、古い三味線の糸をさがし出してきて張った。指で弾くと、古い羽子板はやはり共鳴する。いま考えると、ウクレレに似た音色を出したように思う。私は得意になって、この奇妙な楽器をかき鳴らし、〝門づけ〟の旅芸人たちの真似をして歌って歩いた。姉は私のこの姿に腹を抱えて笑いこけた。叔父やそのほか一族の人々の眼には、私はあたかも非行少年の卵のように映ったようである。軍人が多かったからそれも無理からぬことであった。

「旅芸人の真似をしとる、厳重に止めさせにゃいかん」と叔父たちは母に再三申し入れた。母は口では本当に困りますと答えていたが、あまり気にしている風でもなかった。このほか、幼いころ聞いたのは、母がときおり口ずさむ清元、長唄のさわりや近所で聞く浪花節、筑前ビワ、詩吟ぐらいのものであった。強いていえば、私の幼年時代の音楽環境のすべてであった。つまり、正統な西欧音楽から隔離されて育ったのだ。それでも、私は民衆のなかに息づいているエネルギーに満ちたメロディーというものを、その頃本能的に摑んでいたといえるようにおもうのである。

小学校入学早々、最もつまらないと思ったのは唱歌の時間であった。先生のオルガン伴奏で、生徒たちは一斉に合唱を始める。

〽道をはさんで　畑一面に
　麦は穂が出る　菜は花ざかり
　眠る蝶々　飛び立つひばり…………

たしかこういう詩だったと思うが、歌詞が退屈なうえに、曲だってまるで感情の起伏のない実に単調なものであることは、子供心にもよくわかった。だから、私は合唱の時一人で勝手なメロディーをつけて歌った。先生から何度か注意されたが、私の歌はいつも合唱からはみ出ていた。だから、通信簿は音楽だけがいつも最低であった。

こうして私は、生きた人間の歌う生きた感情のこもったメロディーとはどんなものか……というようなことを独りで体得していったように思う。私は作曲家にはなったが音楽学校に入ったわけではない。だから私のメロディーは、筑後の素朴な人々が好んで唄ったものが基盤になっているのである。『影を慕いて』『酒は涙か』でデビューして以来、私の曲は、評論家達から攻撃の的にされてきたが、その理由もここにあるのだろうし、大衆から愛してもらったわけもまたここにあると思うのである。昭和七年ハーゲンベックサーカス団が来日したとき発表した「旅のつばくろ寂しかないか……」（西条八十作詞・サーカスの歌）の曲想の泉になったのは、やはり大川で子供のころ見た、あのうらぶれた、そして心ときめかせたサーカスであった。

アカシアの花と大正琴

初夏の仁川は素晴らしかった。木々の鮮かな新緑にまじって白いアカシアの花が咲くと、山々はエメラルド・グリーンになる。アカシアの花は町全体を覆うように咲き、あたかも香水の雨が降り注いだように、町の空気も濃密なアカシアの花の香りにそまった。時おり群青の海から乳色の霧が這いあがってきて、町を閉すことがあり霧笛がしきりに響いた。

　アカシアの
　白い花咲く仁川の
　海は恋しも　町はなつかし
　美しい季節がめぐってきて、草刈家に遊びにいくと良介君と春江がいつも歓迎してくれた。
それに草刈家には大正琴があった。
当時は大正琴の全盛時代で、私はたちまち明るい金属的な音色のとりこになってしまった。

ある日、私が大正琴をいつものように弾いていると、背後から良介君が突然声をかけほめてくれた。良介君は「それほど好きならその琴は、あげてもいいんだよ」といってくれた。私は嬉しいようななにか恐しい気がして、尻込みしながら返事をためらっていたが、鷹揚な良介君にはそれが理解出来ないようにいぶかった。そこでこれをありがたく頂戴して、それをしっかり抱えこみ草刈の家を出たが、私の足はしっかり地面につかなかったようであった。私が大正琴をもつことをわがことのように喜んでくれたのは春江であった。私の一家はあとでふれるように、やがて仁川から京城に移った。そのため彼女たちとは別れ別れになったが、時おり仁川の草刈家を訪れて顔を合わせることがあった。二人の間の当時の感情は、まだ初恋とは呼べない淡く幼いものにすぎなかったが、それからの苦闘時代、私の胸に時おり明るい灯がともって、その光りの窓のなかにぽっかりと春江の横顔が浮かびあがってくることがあった。

琴と取り組んで

私の足は自然に吸いよせられるように兄の家にむいた。義姉たちが琴を習っていたからである。襖にそっと忍びよって聞き耳をたてると、姉たちがお師匠さんから何度も同じ注意をくりかえされながら、同じパートを弾いていた。そうしているうちに、私は〝六段の調べ〟の全曲を暗譜してしまった。覚えてしまうと、どうしても自分の手で演奏して見たくなる。しかし義姉たちが琴を提供してくれるはずはなかった。それでも私は、激しい誘惑についに勝つことはできなかったのだ。

ある日のこと、私は義姉たちの留守を確めてから居間に忍び込んで、夢中で琴を袋から取り出して弾いてみた。私の体内をこのとき何か熱いものが貫いたようであった。私は無我無中であった。私の小さな指が、自分でも不思議なくらい素速く十三の絃のうえを走り廻った。まわりに義姉や家中の人が集まってきて、呆然と私を眺めていたようであった。「負けるものか」「誰れにも負けてなるものか」、私は時々心のなかでこうつぶやきながら、やがて、自分の奏でる六段の調べの音に眩むような陶酔を感じはじめていたのである。

私はこのできごと以来、義姉たちに畏敬の眼で見られるようになった。二番目の義姉は小学校の教員生活を体験しており、楽譜を読む能力をもっていた。私の六段にすっかり感服したこの姉から、はじめて五線譜を読むことを教わったわけである。

兄の店に勤める店員の細君に筑前琵琶を習っている人がいた。当時は、日本全土はいうにおよばず京城でも流行していた。私はあるとき、その家に使いにいった。ちょうど細君が琵琶を練習中であったので、私はさっそく琵琶を貸してくれるように頼み込んだ。楽器と名のつくものがあれば決して見逃さなかったのである。私は細君からツボを教えて貰い、即興でいくつかの曲を弾いてみせた。驚ろいた細君は、近所ぢゅうにふれ歩いたので、私はそのかいわいで評判になった。昭和四十年頃電通の重役をしていた島崎さんが、当時私が弾いた大正琴を聞いたというので私は驚いた。島崎さんは小学校四年までむこうで育ったそうである。

当時日本の最も普遍的な楽器である三味線も、一度でいいから弾いて見たいと思っていた。母に熱心に頼みこんだところ、ようやく近所の知人から借りてきてくれた。私は自己流で調律しながら練習し、たちまち越後獅子のさわりや、春雨の合い手まで弾きこなすようになった。「おまえはどんな生まれなんだろうね」母はため息をつきながら、喜んでいるのか悲しんでいるのか複雑な表情で、小学生の私を眺めていったものである。母とすれば、私の天分をどうかしてのばしてやりたい、という願いでいっぱいだったのであろう。しかし当時は、芸人になることは周囲によほど理解がなければ不可能なことであった。自分の周辺から芸能人がでることを、まるで犯罪人でも出たかのように恥ずる風があったのだ。これまではペンネームや、芸名というものも、周囲に迷惑をかけないためにという配慮のために生まれたケースが多かったほどである。親として、私になにも手をかすことができないのを、母はずいぶん悲しんでいたにちがいなかった。

善隣商業

私は小学校を卒業するとき、なんとかして中学校に進学したいと思っていた。その頃の兄たちは私の顔を見ると口ぐせのように、早く金もうけを覚えるんだ、といって聞かせ、商業学校へ進学しろといっていた。私は金がないための悲哀や、貧乏人の屈辱はその頃すでに身に泌みるほど味わっていたが、どうしても商人にだけはなりたくなかった。そのため自分の将来の可能性を確保しておくためにも、中学校へ進学したかった。しかし、兄のすすめにより大正六年四月、京城善隣商業学校へ入学した。この学校は明治四十年大倉喜八郎男爵が創立されたもので、朝鮮では名門校で競争率も高かった。一部には日本人、二部は朝鮮人と別れていたが、学生たちにとっては、そんな垣ははじめから問題にならなかった。皆な善隣の生徒であることに誇りをもち、友情に固く結ばれていた。

商業学校時代の私は、硬軟両派を二またかけた生徒であった。いまならば、非行少年の部類に入れられたかもしれない。京城の盛場を肩をいからして濶歩したこともあったし、校風をみだした下級生に鉄拳制裁を加えて傷を負わせ、無期停学になったことさえあった。

女性にたいするアバンチュールも試みた。学校へ通う途中に鍛治屋があり、ここの娘が大変美人であった。当時マスコミの人気挿絵画家に蕗谷某という人がいた。たしか虹児といったように思う。蕗谷風の美人は背が高く、いまでいう八等身美人で、マスクはどちらかといえば病的な美しさをもっていた。そのちょっと以前までは、竹久夢二の星菫派風な美人が人気を集めていたが、その反動として、やや頽廃的な美人が愛されるようになったのかも知れない。現代風にいえば悪女であろう。

　鍛治屋の娘は、その蕗谷風の女性であった。そして通学の途中で必ず出合った。私だけでなく学友たちにも関心の的であったから、彼女の姿を見かけると皆でわいわい騒いだ。そして、私が悪い友だちを代表して彼女にチャレンジすることになった。

　私は彼女の関心をひこうといろいろ工夫をこらしたあげく、四つ葉のクローバーを贈ることにした。まるで牛になったように、私はクローバーの群落を熱心に探し廻ってようやく幸福の葉を探し出した。私はそれを讃美歌の本に挟んだ。その頁には、たしか「くろがねの扉、おし開きて……」という文句があったと思う。一人前の『恋の騎士』気取りだったのだ。騎士の使者には、鍛治屋の近所にあるいり豆屋の息子が選ばれた。私や級友たちは反応を一刻も早く知りたくてしかたがなかった。翌日、私たちがいり豆屋君にせき込んで尋ねると、ニキビだらけの顔に、まことに憮然たる表情を浮かべて、「うん、渡すには渡したんだが……」と、頼りない返事だった。

私は波状攻撃をかける決意を固めた。その頃女学生の間には、十字架のバッジをバンドのあたりに下げるのが流行していた。そこで、私は再び、いり豆屋君に十字架のアクセサリーを託したのであるが、これにたいしてもなんの反応もなかった。難攻不落という結論になり、私たちは撤退作戦をとらざるを得なかった、若い頃の思い出である。

学校の音楽活動

学校生活は楽しかった。家にかえると私はよく屋上の物干台にあがった。ここからは京城の市街がよく見え、赤い夕日が落ちる頃になると、フランス教会のドームがシルエットになって浮かびあがり、やがて晩鐘が壮厳に鳴りわたる。この鐘の音を聞いていると、私はたまらない感傷に襲われ、同時に激しい郷愁に駆られた。

私はそんな時母によくいった。「貧乏でも、学校にいかなくてもいいから、九州へ帰ろうよ」私の言葉をきくと、母のすっかりこけた頰に涙がつたいはじめるのであった。こんな環境で、私が完全な非行少年に転落しなかったのは、やはり音楽と詩が最後の支えとなっていてくれたからであった。

当時はまだ新詩社の『明星』が全盛時代で、北原白秋、深尾須磨子といった当時の青年のアイドルたちが、誌上につぎつぎ新しい作品を発表していた。私たちも同人雑誌をつくり、珍妙な作品をのせて新進詩人気どりであった。

　つづいて、私の提唱によって、校内に楽団が組織されることになった。各自が持っていた楽器をそれぞれ持ちよったのであるから、ハーモニカ、明笛、大正琴、バイオリンなどによる珍無類の楽団が出現した。さて一同集まって、練習ということになったが、一生懸命に演奏してもがやがやばらばらになってしまう。ちょうど演奏会直前のオーケストラが、オーボエのAに合せて、調律している状態になってしまうのだった。私たち一同はいくら頭をひねっても原因がわからなかった。それもそのはずである。持ちよった楽器はそれぞれ個有の調性をもっている。したがって同一譜面を演奏すると、てんでわけのわからぬことになっしまうのだ。あとで原因がわかって一同は大笑した。こんな失敗もあったが『天然の美』『越後獅子』『春雨』などをこの楽団用に編曲し、さらにその頃発行されていた『家庭音楽界』という本を頼りにレパートリーを拡大していった。この本は、当時の新しい流行歌を抜すいして出版していたものであった。次第に楽団の腕が上達すると校内演奏会をひらいた。すると、同窓会、クラス会などから注文がきて楽団の意気は大いにあがった。

　その頃の京城の街にも、日本から艶歌師がやってくるようになった。男二人と女の三人のチームで、男と女が歌って弾き、もう一人の男が楽譜を売るのである。夕方になると、街の辻に立ち貫一お宮の『熱海の海岸』や実際にあった事件を扱った『千葉心中』『さすらいの唄』『馬賊の唄』などを歌った。私もなけなしの小遣をはたいては楽譜を買い、演奏してみると、実際に歌っているのとは似ても似つかぬ楽譜だったので、大いに憤慨したことを覚えている。

私は、この楽団ではじめて友人のバイオリンをかりて弾いてみたが、音色にすっかり魅せられてしまった。楽団を結成したあと、私はコーラス団も組織した。昼休みになると、学校をぬけ出して裏の赤松林でコーラスの練習にはげんだ。林といってもて朝鮮は緑がもともと少い。数本の松がまばらにはえているだけである。そのなかで、いまでいう歌謡曲から詩吟、琵琶唄、はては都々逸まで飛び出した。いまでいうコーラス団の概念とはおよそ縁遠い存在であったが、それでも歌のある青春は楽しいものであった。

マンドリン

その頃のわが国で、最もモダンな楽器はマンドリンであった。マンドリンを欧州からはじめてもたらしたのは、比留間勘八さんであるときいている。比留間さんはたしか富豪の御曹子で欧州へ留学されたとき、趣味でマンドリンを練習され、帰朝後友人たちの間に演奏法をつたえ、また希望者には楽器を欧州から輸入する世話をされていたと聞いている。それがはじめ上流階級の間に流行し、次第に一般に普及しはじめたのであった。私にはその音色がたまらない魅力であった。しかし当時のマンドリンは、兄の家に居候する中学生にとっては気の遠くなるような値段であった。私は幾晩もマンドリンを自分が抱えている夢を見つづけていたほどなのである。

ところがある日突然に私の夢は現実となった。大阪から小包が届き、なかから渋い光沢を放つマンドリンが現われた。私の商業学校の三年生の時のことである。長兄福太郎は、欧州大戦のブームに乗って僅かの期間に当時の金で数万円を摑んだ。商機に眼があった長兄は、それを資本に事業を拡張する計画をたて、大阪に逆進出する決意を固めた。京城での鉄の需要には限度があったので、阪神工業地帯へ橋頭堡を築こうと考えたのであった。そして大正六年の夏、私が商業学校へ入学した年、次兄時太郎を大阪に派遣し、大阪市阿波座四番丁に京城徳本商店大阪支店を開設した。やがて、三兄金蔵、四兄久次郎も大阪に派遣され、大阪の事業も順調な発展をとげていった。四兄久次郎は兄たちのうちで最も人がよく、私に理解があった。私がマンドリンに憧がれているのを知っていて、喜こばそうと、なんの前ぶれもなく突然に送ってくれたのだった。あとで知ったことであるが長兄福太郎夫妻の心づくしであった。

私はこの夢がかなえられたときはにわかには信じることができず、何度も丸くなめらかな肌をさすったあと、この喜びを確認したほどで、私は喜びにふるえる手でトレモロをかき鳴ら

京城善隣商業を卒業した時。紅顔可憐といいたいところだが，いかつい顔つきは如何ともしがたいと著者はいう。

し、改めてマンドリンの威力を知った。これまで平凡としか思われなかった曲も、マンドリンで演奏すると、別のムードを湛えて魅惑の曲に変貌するからであった。

このマンドリンこそ、後年、私が進むべき途を開いてくれた。とにかく私はこのマンドリンが私の音楽する心を守り抜いたのである。

卒業と帰郷

商業学校を卒業したとき、私はどうしても音楽学校か美術学校へ進みたかったが希望通りになるはずはなかった。私が卒業した大正十一年は亡父喜太郎の十三回忌であった。私たちは久しぶりで故郷の大川へ帰った。父の法事が済むと、「おまえは、大阪の店で商売を覚えるんだ」と長兄は私に厳命した。

私は敢て逆らわなかった。私はそのころおぼろげではあるが、東京に出なければ自分の運命は決して開けない、という確信に似たものを抱いていた。もしそうだとすれば、京城よりも、大阪のほうがまだチャンスが多いのではないか。私はそう信ずることによって自分を慰めたのであった。

いよいよ、大阪へ出発するとき、母は当時の九州の風習にしたがって、袴つき着物一式を新調し元服を祝ってくれた。出発まえ仁川の草刈家に別れの挨拶に行った。良介君はすでに上京して早稲田大学の学生であった。初めてあったときおかっぱであった春江は、すでにお下げ髪の少女になっていた。二人は汽車の時間まで仁川の街を散歩して歩いたが、ほとんど口をきかなかった。もしなにかいえば、どっと涙が溢れ出そうであったからだ。

私が出発する朝、母はおろおろしてすっかり落ち着きを失っていた。私がいよいよ家を出るとき母はなにか虚脱状態に陥っていたようであった。そして「もう、行くのかえ」と一言だけいった。私はその言葉に母の衰えをはっきり聞いたように思った。

はじめての大阪

大阪人の目覚めは早い。四季を通じて四時をすぎると、早くも街のざわめきが地鳴りのように私の枕許につたわってきた。私は急いで起き、紺の厚司を着込み角帯をしめる。その頃金属問屋の店員たちはみなこんな服装をしていたものであった。私は店を出てすぐ岸壁に行き、曳き船に揺られて沖に出発する。荷役している貨物船の現場で荷物の受け渡しに立ち会い、取引先から確認の印をもらってくるのであった。これを『判取』といったが、単調で退屈なわりには責任が重いという厳しい仕事であった。店に帰ると帳簿の整理が待っていた。兄たちは私にみな押しつけるので、どんなに懸命にやってもはてしがなかった。商業学校を出してもらったのだから、お前が帳簿の仕事をやるのは当りまえだというのが兄たちのいい分であった。

皆が仕事を終り自由時間になっても、私にはまだやらねばならないたくさんの帳簿整理が残っていた。それからが本業である。だいいち残務を終ってからマンドリンの勉強があった。それに、すでに大学進学の決意を固めていたので受験勉強もしなければならなかった。マンドリンを弾くときまでは眼は輝いているのだが、受験勉強の時間がたつにしたがって、睡魔がしつこく襲ってくるのであった。

私のその頃の月給は五円であった。必要なのは散髪代ぐらいであったから、残りを殆んど貯金した。同僚たちは五円もあれば花街に数回は出入りしていたようである。私は誘われてもこれに仲間入りしなかった。それに加えて、兄たちから時折小遣を貰うことがあったのでそれも貯金に廻した。上京して大学へ進学することになれば、兄たちの援助を期待することはとうてい望めないからである。しかし、私のマネービル計画も平常は大いにケチ根性を発揮してみせるのであるが、日曜日が来ると朝からそわそわしてしまう。宝塚に出かけたいからであった。

その頃は、まだ、宝塚も揺籃期で、後年トレード・マークとなった男装の麗人はまだ出現しておらず、春日花子さんたちがスターであったように記憶している。ヅカが黄金時代を迎えたのは、昭和になってモンパリが上演されてからのことである。私が通っていたころは竹取物語などを歌劇にアレンジした日本物がもっぱら上演されていた。

宝塚が私をとりこにしたのはその歌とオーケストラであった。その頃は、映画館にも小編成の楽団があったが、宝塚のものは規模も音色もぐっと本格的であった。はじめて宝塚に行ったとき、オーケストラから流れ出る豊かな音色にすっかり眩惑され、激しい酔いに襲われたような心地がした。小遣に制約のある私はいつも天井桟敷の客であった。そこから眺めると暗くなった場内にオーケストラボックスだけが、夢の島のようにほのかに浮かび出し、なかの楽士たちの動きがよくわかった。哀しみの感情を出すときには、どのような楽器のアンサンブルが必要なのか。あるいは歓喜を唄うにはどの楽器が効果的なのか。私の眼は楽士たちの動きにぴったりと固定され飽くことを知らなかった。

進学の準備のために、宝塚に通うのはせめて隔週ぐらいにしたいと思うのであるが、日曜日になると誘惑に勝てなかった。帰りには必ず上演された曲目の譜面を買い、夜になってからマンドリンで弾いてみる。するとつぎの日曜がたまらなく待たれるのであった。

四兄久次郎は、音楽の才能はなかったが音楽が好きで下手な尺八をよく吹いた。女房が三味線を習っていた影響かも知れなかった。とにかく兄たちのうちに、音楽に理解をもつものが現われたことは、私にとって嬉しかったので、この兄とつきあって三味線、尺八、マンドリンの三重奏をやったこともあった。

私が大学の受験勉強をしているのを知って、兄の店の若い番頭の一人が真剣な顔で、たびたび断念するように忠告した。この男は兄の店では最も真面目な男で、私とは最も親しかったので真剣に私のことを心配してくれていたのである。「そんなムダなこと、やめておきなはれ、この世は、すべて金だっせ、金が仇や、金さえあれば、なんぼでも好きなことでけまっせ」などと、まるで西鶴の生まれ代りみたいなことを私にいったものだった。そんなバカなことがあるもんか。顔を合わすと、「どうだす、もうかりまっか……てんで、あきまへんわ」とやる。これが人間の挨拶といえるだろうかと私は考えていた。

私は大阪人が嫌いなのではないが、いまでもまだ大阪商人のこの挨拶だけは心から賛同し得ないのである。彼は、金さえあれば大学出ぐらいなんぼでも使えるから、大学へ行くのはムダだからやめておけといってゆずらなかった。議論はどこまでいっても平行線であった。

大阪を脱出

大阪に出てからちょうど一年、再び春がめぐって来ようとしていた。私は大阪脱出の計画をめぐらしながら焦っていた。兄の家をのがれて上京するのは、あくまで大学進学が目的であったから、この春をのがすとあと一年待たなければならない。それは青春の浪費だと私には思われた。しかし上京するといっても、東京は私には全く未知の土地であった。追いつめられた私は、当時千駄谷に下宿していた草刈良介君に相談の手紙を書いた、親身に相談に乗ってくれると思ったからである。

突然のことながら、上京しようと思います。以前から何度か兄たちに相談したことがありますが、学問でめしが食えるかと、てんで相手にして貰えません。だが、私は金物問屋の小僧で一生を終りたくはありません。苦学しても学校へ行きたいと思い御相談の筆をとったわけです。一日も早くお返事がいただけるよう、千秋の思いでお待ちします。　正　夫　拝良介君の返事が届いたのはそれから四日目の夕方のことであった。私は二階の自分の部屋にかけあがって封を切った。

正夫君お元気で何よりです。手紙は拝見しましたが、私にはすぐ上京しろとおすすめできる勇気はありません。君はまだ東京を知らないのだ。激しい生活との闘いに疲れきった人がうようよしている東京、虚偽と罪悪とでにごり切っている東京。上京する人間は、みんな一つの目的をもって出てくるが、この無慈悲な東京と戦い抜くことができる人は、千人に一人もいないのです。上京して、大学へ行くとなると、毎月、最低四十円はかかると思う。私もできる範囲で応援してあげるつもりだが、この経費を君の努力だけで稼ぎだすことは、かなりの困難がともなうように思います。とにかく君の決心次第ですが、慎重に考えて、悔いのない行動をとられるよう希望します。

良　介　拝

良介君の返事は、私が予期したよりもはるかに厳しいものであった。それだけに、私にはかえって良介君が頼もしく感じられた。

ところで、私はどうすればよいのだろうか。良介君の手紙によると、東京には私を挫折させ、転落させる無数の罠が待ち受けているようであった。そうかといって、このまま大阪の地に留まっているならば、私の青春は日々に磨滅して、灰色の人生に一生固定されることになることは火を見るよりも明らかであった。進むも止まるもともに地獄であるとするならば、進んだほうがよい。私はそう決断し、その夜大阪を発って上京することにした。私は古びたバスケットにわずかな身の廻り品をつめ、苦労して貯めた全財産を勘定してみた。東京までの汽車賃をのぞいて六十円とちょっとあった。私は夜の更けるのを待って、母がくれた久留米がすりのあわせに木綿袴というういでたちに鳥打帽をかぶり、兄たちの隙をうかがっていた。その夜、兄たちは奥の間に集まってなにか相談にふけっていた。いまが絶好のチャンスとばかり、私はバスケットとマンドリンを両手にもって裏木戸からひそかに脱け出そうとした。

そのとき声がかかった。「正夫、どこへ行くんだ」久次郎兄であった。「おい、こんな手紙を忘れていく気か」私が夕刻良介君から受けとったばかりの手紙であった。私は慌てていて室に置いたまま出てきたのだった。内容を読まれてしまったにちがいない。彼は私の行動をひそかに監視していたのである。「みんな知ってるぞ、だけど、俺ぐらいに打明けてもいいじゃないか。ほかの連中とは、俺はちがうつもりでいるのに……、水臭いじゃないか。まあ、いい、早く行け」そして兄は、私にしわくちゃな紙幣を握らせながら「少しだけどな、とにかく体に気をつけるんだ……」といってくれた。

「………」

私は礼を云おうとしたが、どうしても言葉にならなかった。彼岸すぎだというのに妙に冷える夜であった。

青雲

明治大学へ進学

一夜が明ける頃汽車はすでに沼津であろうか、車窓の左中空には雄大な富士の真白き姿が朝日に輝き浮かんでいた。私はその姿に感激したことを、いまでもはっきり思い起こすことができる。青雲の志に燃えたっていたのだ。

この頃大阪では、私が失踪したことを知って大騒ぎだったという。上京した私に良介君は、「青雲の志もよい。あくまで勉強したい、という君の向学心も立派なんだが、いまは明治時代のように、世の中がロマンチックではないんだ。苦学生といっても、誰も同情しやしないよ。世の中が世智辛くなってきているんで、誰もが、自分独り生きていくことでせい一ぱいなんだよ」といって諭してくれた。実際その頃の物価は昭和初期よりもかえって高いほどであった。欧州大戦のブームの余波がまだ残っていたせいだろう。良介君の忠告にもかかわらず、私は大学へ進学する意志を変えるつもりはなかった。

大阪の兄のもとを無断で飛び出してきたのである。私にはまっしぐらにわが道を往くほかに方法は残されていなかった。とにかく、何か適当な職が見つかるまで、宿だけは良介君のところに厄介になることにして、私は明治大学の商学部予科に入学した。大正十二年の四月のことであった。その頃の明大の試験は比較的容易であったのと、商業学校出身の私には、ほかに適当な学部はなかったからだ。

明大に入ると、私はマンドリン・クラブの創設に取りかかった。当時の明治大学の校風は明治時代の自由民権派の書生気質をそのまま残していて、バンカラの標本のようにいわれていた。ストライキなども全く朝飯前のことで〽白雲なびく駿河台」に暗雲がたれこめることも珍らしくないことだった。

マンドリン・クラブ創立

この頃は悲憤慷慨型の学生が多く、国士的なムードが充満している明大と、当時のモダニズムの象徴であるマンドリンとは、およそ対象的な存在であるが、私は明大の従来の校風にすこし飽き足りないものを感じていた。そこで多少は反対があっても、なんとかクラブ結成をしたかった。また、当時の私が心に描いていた理想的な大学生像とは、智・情・意の三条件を備えていなければならないと考えた。大学生をたいへんなエリートであると考えていた頃なので、明治の学生は、〝情〟において欠けるところがあると不満に思っていたことも、マンドリン・クラブ創立へ私をよけいに駆りたてた。そこで、私は学生掲示板に〝マンドリン演奏希望者は連絡して下さい。というような意味のビラを貼り出した。とくに反対者はなく、予想以上に希望者が集まった。十五人ぐらいであったと思う。すでにかなりの技術を身につけている学生もいたが、楽器だけ持っている者、これから楽器を購入してマンドリンをやろうという連中が半数ほどだったので、練習は完全な初歩から始めることにした。こうして明大のマンドリン・クラブはスタートしたのだった。

大学生活の一部として、マンドリンを弾けることに私は大へん満足したが、すぐに生活不安に直面しなければならなかった。当時下宿代は三食付きで二十五円ぐらいであったが、私の持ち金は入学後一ヶ月しかもたなかった。制服と一学期分の授業料で六十円くらい必要だったし、出発のとき久次郎兄が秘かに握らせてくれた餞別も下宿代に消えてしまった。良介君と一緒だったが、いくら御曹子とはいえ、学費には限度があるので、それを丸々あてにするわけにもいかなかった。

私は毎日、足を棒のようにして有利なアルバイトを探して歩き、やっと見つかったのは新聞配達の

明治大学在学中の著者。福島県下にマンドリン演奏旅行に出かけた時途中の小駅にて写す。

口であった。しかし、容易にみつかっただけに条件も最低であった。朝のうち五十軒ぐらい配達して一日五十銭である。しかも、たったこれだけの家に配るのに二時間もかかる。朝は三時に起きて配達、それから授業を終えて下宿に帰るのは五時になった。たとえ、月十五円でも大いにたすかるのだが、困ったことは、睡眠不足で授業中眠むくなることであった。意地悪くドイツ語の教師が私を必ず指名する。恥をかくことが度重なったので、たえかねて新聞配達は一ケ月で辞めてしまった。働き口が見つかったときは、張り切って新聞を抜くときにピュッと威勢のいい音がするように練習したほどであるが永続きしなかった。そのほか、牛乳配達などもやってみたが、どれもあまり悪い労働条件だったので、結局長続きせず仕事を変えていった。

関東大震災

大正十二年、朝鮮にいた母が郷里大川に引き揚げるので京城まで迎えに行った。九月一日東京に帰る汽車が名古屋附近にさしかかった午後、車中に関東大震災のニュースがつたわってきた。通信網が途絶しているため詳細はわからなかったが、汽車は名古屋までしか行けないという。それだけでも被害の大きさが想像することができた。噂では東京は猛火に包まれ全滅してしまったということであった。私は仕方なく広島まで引返し、マンドリン・クラブの友人であった宮川君のうちに滞在して、東海道線の開通を待つことにした。

そのとき、最も気懸りだったのは、下宿に残してきたマンドリンがどうなったかということであった。私はそれまではどこへ行くにもマンドリンを身辺から放したことはなかったのだが、京城へ行くため、この度だけは下宿の押入に残してきたのが心配であった。

九月中旬ようやく開通した東海道線で、列車にしがみつくようにしながら上京してみると、東京は無残な焼土となっていて、まだ、一部には白い煙がくすぶっていた。九段坂から眺める神田一帯はすっかり焼野原であった。幸いなことに、千駄谷附近は災禍を免れ下宿も無事であった。押入れをあけてみると、なつかしいマンドリンがかすり傷一つ負わず、つややかな栗色の光を放っていた。この事だけはまことに幸運であった。

しかし、私の生活は間もなく極度に苦しくなっていった。私の努力と良介君の親切な奔走にもかかわらず、震災後の東京には、学生むきのアルバイトは全くなかった。その後母からは、月々二円三円と無理して送金してくれたが、それではとても追いつかない。下宿の小母さんは、私のマンドリンのファンであったから、お金はいつでもいいといってくれるものの、私にはそれがよけいに心苦しいものだった。

そんな生活を送りながらも、私はギターが欲しいと考えていた。神田のある楽器店の親爺さんが、月賦でいいから持って行きなさいという。言葉に甘えて当時の最高級品であったイタリア製のものを買ってきた。なるほど素晴らしい音色である。それに小ピアノといわれるだけあって、ギターという楽器は素晴らしい威力をもっていた。音域も広く和声も自由につけ得る。それに演奏も比較的簡単なので私はひどく満足したが、生活苦の悩みは、時折空腹を抱えていなければならぬことであった。

下宿代が滞るので、私はせめて食事は外でとると申入れていた。しかし懐中無一文に等しいのであるから水で補う日も多かった。ある日、例によって空き腹を抱えていると、良介君が察したのか、書架から高価な辞書類だけを包んでさあ行こう。これで十円ぐらいにはなるさと私を励ますようにいう。私が不審な顔をしていると、「一六銀行さ」と事もなげに続けた。良介君の説によると、質屋の味を知らないようでは、学生々活の醍醐味はわからないというありがたくない御題目であった。

母の真心

それからの私は、せっせと質屋通いをはじめた。といっても、質草ははじめから乏しいのですぐに尽きてしまった。その年の暮れは寒い日が続き飢餓が一そう身に浸みるのだった。しかし私の手許に残された目ぼしいものといえば、代価未払いのギターとマンドリンが残っているばかりだった。ギターはもってはいるものの自由に処分はできない。私の胸をふと〝マンドリンを質入れしようか〃という考えがかすめた。私はその想念を打ち消すために考えあぐんだ。「それは悪魔の誘惑だ」「堕落だ」「マンドリンを手放せば、いよいよ絶望だ」自分の胃袋にいって聞かせるように呟き続けたが、しょせん空腹に勝つことはできなかった。このときほど自分の胃袋を恨めしく思ったことはない。

マンドリンを小脇に抱え、下宿の小母さんの眼を憚りながら、ひそかに靴をはこうとしていたときであった。玄関の土間のうえに、白いものがバサッと落ちてきたまさに封書である。私の宛名になっているし母の字だった。封を切って見ると母のたどたどしいが懐しい文字だ。そして便箋の間から一枚の為替がのぞいた。五円八十五銭という金額が書き込まれていたのであった。

金は母と姉が、必死になって働らいて貯めた汗の結晶に違いなかった。五銭という端数に、老いの身にムチ打って苦労して送金してくれたぎりぎりの母の愛を思った。ふと気づくと、片手にマンドリンを下げたままであった。「ああマンドリンはついに助かったぞ」その為替を何度か押しいただいたものだった。

アルバイト音楽教師

大正十三年、それは私の前途に初めてかすかながら光明の兆が見えはじめた年であった……。

神田の鈴蘭通りに、その頃須賀楽器店という店があった。マンドリン・クラブの楽器や絃などをその店から買っていたので、私は主人と自然に顔馴染になった。須賀さんはその頃の神田商店街の顔役的な存在であり、なかなか企画力の豊かな人であった。その須賀さんが駿河台音楽院というのを設立した。ギターやマンドリンなど、自分の店で売っている楽器をPRし普及させようというなかなか遠大な構想であった。学院にはギターのほかにも、バイオリン科、ピアノ科があり、さらにハーモニカ科というのまであった。受講生は附近の商店街の店員さんをはじめとして、カフエーの女給さんまでという、なかなか変化に富んだ顔ぶれであった。

須賀さんは私のことをよく知っていて、マンドリンやギターを教えに来てくれないかという。夕飯づきで、生徒一人につき三円という条件であった。音楽院の月謝は五円で、二円は須賀さんの収入になるのであった。私にとっては、またとないアルバイトであったから、渡りに船とばかり、この申出を承諾した。

やがて音楽院は開校し、私の生徒は十七、八人となった。夕飯付きの五十円程度という収入は当時の学生にとっては大変なものであった。二十人になると六十円だから、当時では一流サラリーマンであるが、なかなか二十人にはならなかった。弟子の一人に大変可愛いいカフェーの女給さんがいたが、後に尺八の川本晴朗さんの夫人となり、後年再びお目にかかる機会を得た。当時の生徒にも一人奇遇な出合いをした人がある。しかも外国で再会したのである。

私がローマオリンピックを視察に行った時のこと、その帰途欧州を廻ってパリに立ちよった。そして、パリ在住三十五年という画家を紹介され、大変親切にしていただいた。ところがその画家が、「どうも、貴方には、昔お目にかかったような気がする」としきりに首をひねる。よくきいてみると、学生時代、明大の学生さんにマンドリンとギターを習ったというのである。私はそれを聞いたとたんに、「それだ」と叫んだ。私も思い出したわけだ。当時カンが悪くて、大変手数のかかる生徒が一人いたが、それが、まさしく眼前に立っている国際的画伯ではないか。全くの奇遇であった。懐旧談の花が咲いたことはいうまでもない。これが名声とみに高い星崎孝之助画伯である。

さて、音楽院のアルバイトで懐が暖かくなったので、私は小石川に下宿を移した。大曲近くの武島町で、かつて国木田独歩が住んでいたという家であった。

私は下宿を移ると、アルバイトのアルバイトをはじめた。私の生徒のうちの数人を自分の下宿に呼んで、直接指導するのである。須賀さんにはすまない話であったが、そうすると、五円の月謝はそっくり私の手に入るからであった。その頃、余裕がありさえすれば、故郷の母に送金したかったので、切実に金が欲しかったのである。その頃の私はたいへん険しい顔つきをしていたようである。飢餓線上を彷徨しながら苦学していた表情が、内心の憂悶を映していないはずはなかったが、何か人を刺すような、威怖させるところがあったようである。

音楽院のバイオリン科の教師に小林さんという人がいた。私はこの人に好意を抱いていたのだが、夕方音楽院で食事するとき、食堂に私一人しかいないと、小林さんはいつも逃げるようにそそくさと姿を消す。どうして逃げるのかときくと、小林さんは「古賀さんと一しょに食事するとあまりこわい顔するからだ」といわれたほどだった。その頃の私はまた、すききらいの感情も激しく、一たん嫌いになると口をきくのも全くいやになった。下宿の小母さんに、一週間も口をきかずにいて、不満があったらいって欲しいと、しつこく追及されたこともあった。

私はこれでは、ますますアウトサイダーになるのではないかと思った。勝利を得るためには疎外者では駄目である。いかに鋭い風貌をしていても、工夫すれば克服できるのではないかと思い、どうして歯をみせて笑おうかと鏡で自分の表情をいろいろ研究したものである。

私はこの音楽教師のアルバイトをやり大学卒業するまでの五年間、どうやら自活することができたのであるが、九州の母や姉の生活はいぜんとして笑いのない生活を送っていた。私が帰省したときは、せめてものなぐさめにいろいろ滑稽なことを考えては、母や姉を笑わせることに心がけた。九州地方には、七夕がくると牽牛、織女を描いた軸をかけ笹を立てて、子供たちが祀りをする風習がある。七夕がめぐって来たが家には掛軸もない。私は姪の友達から絵を借りて来させて、それを手本に美しい軸をつくってやった。幼い姪や甥たちは大喜び。母や姉たちもすっかり活気づいて、笹に丹ざくを飾って、幾年ぶりかで七夕を祀って家のなかには笑いが渦まいた。

第一回の演奏会

明大マンドリン・クラブが第一回の公演会をひらいたのは、結成したその年、つまり大正十二年のことであった。その頃は演奏会といっても、なかなか切符は売れなかった。部員たちにそれぞれふり割りされ、切符を売ろうと懸命にクラスメートを口説いて歩いたが、たいていは、「そんなもの聞けるものか」といった調子で断わられてしまう。それでも会場は準備しておかなければならない。部員全部で財布の底をはたきあって、五円か十円をかき集めて契約金だけを払っておく。そして、押売して歩いて戦果があがると、すぐに会場費を払うというふうに苦心してやりくりした。近頃の明大マンドリン・クラブの盛況から考えると、まるで嘘のようであるが初期としてはそれも当然のことであった。当時の演奏曲目は、マンドリン曲としては、演奏技術も難しく、なかなかいい曲を集めていたが、聴いている側にすれば、退屈であくびの出るようなものばかりであった。今日の明大マンドリン・クラブの腕は、当時とは比較できないほどに進歩をとげているし、レパトリーも問題にならないほど広くなった。

シューベルトの未完成とか、ポピュラーな交響曲は、マンドリンにアレンジして、たいてい演奏できるようになった。最近では、デューカの『魔法使いの弟子』などの近代音楽までこなせるまでに進歩をとげたのである。

私はマンドラパートを受け持ち、

著者が在籍していた頃の明大マンドリン・クラブの演奏会
前列左から三人目が著者

先輩に当る佐藤正恒君がマンドリン。ギターは深沢七三郎君という人であった。この人はずいぶんまえに亡くなった。

第一回目の演奏会は赤字だったので、つぎのコンサートを開くにあたっては、聴衆を集めるためにいろいろ企画を練った。その結果女性の人気歌手を特別出演させるのが、最も効果があるだろうということで、当時レコードで活躍しておられた芸大出の曾我部静子さんの所に出演交渉へ出かけた。曾我部さんは気軽に引き受けて下さったおかげで、つぎの定期演奏会からはやっと定員一ぱいにすることができた。以後、ずっとこんな形式で春秋二回の演奏会が続けられることになったのである。

こうしているうちに、マンドリン・クラブも漸く注目されるようになって、部員も二十五人ぐらいになった。部員が増えるといろいろな連中も入ってくる。まるで、音楽に関心もないような軟派の見本みたいな者もいた。マンドリンよりも部の名声を利用して、ガール・ハント用の肩書きにしようというのが狙いだったようである。このような人たちがいるため部をまとめるのに大変苦労した。おだてたりすかしたりして、練習をサボらせないように仕向けるのだがなかなか骨の折れる仕事であった。

この運営にはいろいろなことがあった。なかには部員の一人が突然おれは止めるといい出した。いまでいうと、すぐトサカに来る性質で、私にはどうしても辞める理由がわからない。学校から飛び出した彼を、雨の降るなかを追いかけて学校まで引き戻したこともあった。また、女にかけては凄い腕の持主がいた。米問屋の御曹子であった。それが「本格的に音楽をやりたい」といい出したので、もし本気ならばこの男も救われると思ったので「お前のところは金もあるんだから、パリに行ってハープをやれ」とすすめたところ、本気にフランスへ行ってしまった。十年くらいむこうに滞在していたが、本場で修業して上達したのは女のほうの腕だけで、ついに音楽家にはなれなかったようである。

この時代の苦労は社会に出てから大へん役に立ったように思う。私はこの当時からクラブの方針として、技術は下手でも心を磨こうということをモットーにしていた。このことは今のクラブでも鉄則として守られている。私たちの当時の仲間には一人の落伍者もいなかった。これがマンドリン・クラブ時代の仲間同志結束の賜物であるとすれば、私たちの歩んできた道を若い人々にも歩んで貰うのが、結局プラスすると私なりに考えているからである。

作曲の序章

私が作曲熱にとりつかれたのは予科の三年になってからのことで、その頃管楽器のほかは、一通りの楽器をなんでもこなせるようになっていた。本屋や図書館で調べて、ピアノの『ソナチネ』をギター用にアレンジして三重奏にしたり、また、『幼時の印象』というタイトルで、〽開いた、開いた、のメロディーをフーガに作曲したりした。

夏の夜独りで勉強していると、灯を慕って蛾が飛び込んでくる。思わず打ち殺してから蛾の生命の儚なさを思って、『白蛾の舞』という作品ができあがったこともあった。しかし、私には直接の師というものはいなかった。すべて独学独歩で通したのである。その頃は、中山晋平先生の全盛時代で『波浮の港』『雨降りお月さん』などの曲が全国に広く歌われていた。

私は歌謡曲において占める歌詞の重要さについて、おぼろ気ながら気付きはじめていた。作曲のためには歌詞がまず必要である。といっても、まだ私には詩人との交遊はその頃はなかった。詩を初歩から勉強しようか、などと思い迷ったりしていた。それから間もなくマンドリン・クラブが奇妙な路線をたどりはじめていることに気付いた。一部の部員たちが、授業を放棄して音楽練習に熱中することを主張しはじめ、部員のなかにもかなり同調する者が出はじめたのである。それに会計もおかしい。毎月のクラブの経常費や演奏会の収支もあいまいなのである。

学生が授業放棄して、マンドリンの練習に熱中することには承服できなかった。明大は音楽学校ではないし、私たちもプロではないのである。私の同志たちも熱心に主張した結果、このようなムードを一掃することにようやく成功したが、経理の曖昧なことも私は許せなかった。

芸術家肌の人は、どこか、ボヘミアン気質をもっているものである。いまではこんなタイプの人は少くなり、むしろ拝金教に帰依している人のほうを多く見かけるのだが、私はどちらも同断だといいたい。芸術家も価値を創造しているのだが、経済的には、額に汗している労働している人々によってやはり支えられているのである。この点を忘れてはならないと思う。金にルーズなのはエリート意識の現われにほかならない。天才なのだから社会が無条件に扶養する義務があると無邪気に信じこんでいる証拠である。その逆の場合は、俗物根性の現われである。どちらも芸術家失格といいたい。

私の主張に共鳴した部員たちに推されて、学部二年のとき私はマンドリン・クラブの委員に就任し実権を握ることになった。

二つの矢

昭和二年――昭和新政のはじめの年であったが、それはまた『狂った季節』のはじまりでもあった。朴烈事件、金融動乱、山東出兵。芥川竜之介の自殺、世上には、退廃と虚無の色が日ましに濃くなっていった。この年二つの箭(矢)が私を貫いた。

一つは火の箭であった。そのころの灰色の私の生活を一瞬眩むような光茫で照らし出し、また永遠に飛び去っていった。しかし、それは狂った矢でもあった。

駿河台音楽院の私のもとに、中島梅子さんという女性が入門してきた。私より年上で、その頃は独身であったがすでに結婚の経験をもっていた。顔だちは梅幸さんに似ておりグラマーであったが、その頃には珍らしく八頭身に近い美人であった。音感が異様に鋭く、絵も描いていた。音楽院でこの人の演奏会をひらくことになり、私は彼女にマンドリンを貸す約束をしていたが、私は当日忘れてしまった。思い出したのは演奏会の始まる直前であった。私は電車に乗るのももどかしく、大曲までマンドリンを取りに走った。

このときから、彼女の私にたいする態度は変り私を見る眼は妖しい熱を帯びてきた。やがて、彼女のほうから求愛の手紙を送って来た。師弟の間を越えたいという趣旨の率直で熱烈な手紙であった。私は女性からそのような手紙を貰った経験はなかったので、果たして返事を出すべきかどうか迷ったが、三度目のとき意を決して返事を認め神宮外苑で逢う約束をした。彼女の私にたいする思いはそれからますます激しくなっていった。私もこの熱情に動かされ何度か求婚しようかと迷った。しかし、私には生活の基盤を築く手掛りさえなかったし、彼女はその頃のハイブロウに属していた。あまりにも私との間に差がある。結婚すればそれが二人を破滅に陥しいれるかも知れなかった。私は何日も懊悩したあげく、別れるべきだという結論に達した。そして、彼女にはっきりとその決意を告げた。

その後、暫く彼女は姿を見せなくなった。翌年一月の吹雪の日であった。見るかげもなくやつれ果てた姿で私を訪れ、彼女は自分の手紙を全部引きとって帰っていったが、それから間もなく彼女は発狂して死んだのだった。あとで知ったことであるが、彼女は恋愛のたびに精神異常を来たすのだということであった。しかし、私にとって学生生活六年間のうちたった一度だけ経験した恋愛であった。

もう一つの矢は、強烈な衝撃を私にあたえた——。その年ギターの巨匠アンドレ・セコビアが来日したことだった。私は一円出して帝劇の天井桟敷の客となった。舞台のセコビアは、上から見降すとただじっと座っているだけという印象であったが、突然、場内いっぱいに音が響きわたった。手はまるで動いていないのだ。私はがく然とした。ギターはセコビアの手にとられただけで力一ぱい歌い出すのではないかとさえ思われた。あとはただ、呆然と聞いているだけであった。興奮した私は、終演後、日比谷から小石川の下宿まで徒歩で帰り、その夜は一睡もできなかった。私は朝になるのを待って、さっそく彼のレコードを買いに行った。そのレコードはいまでも手許に残っている。

ギターという楽器は、まことに不思議な楽器である。明日雨になるという夜は、どんな工夫をこらしてもテクニックを使ってもくもった音しか出ない。天候ばかりではなく弾く人の心も映し出す。ギターこそ心の友である。セコビアは私に改めてそのことを教えてくれたようであった。

この興奮のおさまらないうちに、私は一気に『影を慕いて』の詞と曲をつくりあげた。それが私のどんな心証を謳いあげたのかは、すでに冒頭の章で述べたとおりである。

秋の夕暮れのことであった。キセルなおしの『ラオ屋』が屋台を引き、物悲しい笛の音を流して通っていった。その音をそのままギターの音におきかえて、あのメロディーができあがった。こうしてセゴビアの放った〃矢〃は、閃光を放って私の体につきささって以来、私の心の奥底にとどまっているのである。恐らく永遠に抜き去ることはできないであろう。

満州無銭旅行

昭和三年は三・一五事件（共産党員の全国的大検挙）、金解禁、第二次山東出兵。全国農民組合結成、満州某重大事件（張作霖爆死）治安維持法改正、特高警察全国に設置……その頃、青春時代を送った人なら誰でもが忍びよってくる戦争の足音を聞いたはずである。そしてインターナショナルの声歌、サーベルの音、戦争の不安と階級闘争の不安、思想弾圧の不安。こうした不安の時代がはじまろうとしていた。

私もその頃の学生である。マルクス、エンゲルスも読んだし、発禁直前に『戦旗』をなんと

昭和三年夏，明大商学部三年生の時，マンドリンクラブの連中と満州無銭旅行に出かけた途中京城駅前で写す。

かして手に入れようと、本屋のまえに徹夜して開店を待ったこともあった。そして何度か、共産党に入党しようかと思いつめたこともあったが、実践運動には最後のところで、踏切ることができなかった。それは西村博士の講義の影響もたぶんにあったように思う。西村博士は「研究のためなら、どんな危険も、弾圧もおかすべきである。しかし、実践運動は学問をする者のやることではない」と、絶えずいっておられたのが身に沁みていたせいであろう。幸い、私には歌があった。「歌を通じて、大衆のために働くことができる。きっと私にしかできないこともある」と信じていたからでもあった。

その年の夏休みの前、クラブ・メートのなかから、満州を見ておきたいという声が起きた。

その頃の世相はすでに緊迫した空気が漂っており、日本が自ら戦争のなかに飛び込むとすれば、満州がきっかけの地になるであろうことは、そのときすでに明らかであったからだ。そこで、私はクインテットを編成し無銭旅行に出かけた。途中演奏してつぎの目的地までの旅費を稼ぎながら旅行を続けようというプランである。広島、福岡を経て、京城まで行くと、「ハルピンへ行くから、君たちも一緒に来たまえ」という有難い後援者が現われた。だがその男の容貌はいかにも貧相でちょっと不安になった。

平壌をへて安東に渡って、いよいよ満州へ第一歩を踏み入れた。ここには兄の支店があり、支店の加藤さんの尽力によって盛大な演奏会を開くことができて、帰りの旅費の見通しもついたので、頼りないスポンサーと別れて、われわれだけでハルピンにむかった。

広漠たる平野を一気に走って朝ハルピン駅に着くと、ロシアの官憲が乗り込んできて荷物の検査がはじまった。私が、何気なく仁丹のハミガキ粉を出したところ一騒動が起こった。麻薬かなにかと勘違いしたらしく、私を引き立てんばかりの剣幕であった、手まねの言訳であるから、冷汗三斗の思いでようやく放免された。ここでホッとしたとたん、一人の中国人がトランクを持って駈けだした。てっきり泥棒だと思ったところ馬車の御者であった。他の御者に客をとられまいという商法だったのだ。せっかくハルピンまで来て、日本人の旅館に泊るのも無意味だというので、その夜はわざわざロシア人経営のホテルに泊ったところ、宿の主人は英語も全く駄目で、一泊どれだけかもわからない。表通りに誰か通らないかと探していたところ、偶然にも日本人のおかみさんが通って、地獄で仏にめぐりあったように一同喜びあった。ハルピンには悠々としたウスリー河が流れており、いかにもスケールが大きく満州らしい眺めであった。

大平野の夕陽は紅い。〽ここはお国の何百里……」という歌が、自然に口にのぼってくるような感慨を味わった。

佐藤千夜子さんとの出合い

帰国してからの私たちは、すぐに秋の演奏会の準備にとりかかった。私にとっても、在学中最後の演奏会であったので、会場は日本青年会館を使うことにした。このホールは、その頃東京でも有数なコンサート会場として知られていたのである。

会場が大きくなれば、それだけ聴衆を集める企画を立てなくてはならない。その頃人気歌手に佐藤千夜子さんという方がビクターにおられた。『波浮の港』『東京行進曲』などを唄って、その頃の女性歌手では圧倒的な人気を誇っていたのであった。もし佐藤さんが出演されるなら日本青年会館でもたちどころに満員になってしまう。そこで、ものは試しとお願いに行ったところが、案に相違して「え、よござんすとも」と、いとも気軽に引き受けて下さった。そこで私は演奏会の第三部に特別番組をつけて、『影を慕いて』を歌っていただくことにした。会場は大入り満員だった。明大マンドリン・クラブ創設いらいのにぎやかさだった。

盛大な演奏会も無事に終って、われわれはこの夜のヒロイン千夜子さんを囲んで新宿の喫茶店に集まった。そのとき千夜子さんが、「古賀さん、この『影を慕いて』はレコード歌謡曲にぴったりじゃないの、よかったら私に歌わせてくださいませんか」といいだした。私は予期しないことだったので全く驚いてしまった。自分の曲を発表したといったところで、当時はまだ学生の分際であり、それにいきなりレコードにといわれても自信なぞあるはずがなかったが、熱心な彼女の申込に、希望と不安の中にもやってみようということになった。

レコードの吹込

佐藤さんはつづけていった。「もう一曲用意するのよ、レコードは両面ですからね」いそいでいるので詩もない。そこで、民謡という雑誌にのっていた『日本橋から』という浜田広介さんの歌詞が、当時の私の境涯とそっくりであったところから、ハバネラのテンポでメロディーをつけた大胆不敵なもので、これを無断拝借したのであった。あとで著作権法というものがあるのを知って、浜田さんのところに謝りに行ったところ、了承され大笑いになった。同僚たちは、この偶然の幸運に喜んで乾杯してくれた。こうしてビクターからレコードが出たのは一ケ月後の一月だった。

レコードは出したが、その反響はどんなものかと、私は巷の八方に耳を傾けていた。しかし、どうしたものかこの『影を慕いて』はあまり歌われている様子がないのである。そこで、私は生まれてはじめて、新宿のカフェーに友人と出かけてみた。店のナンバーワンで非常に歌のうまい女給さんが、友人の紹介で側へきて腰かけた。そこで私は早速、『影を慕いて』の楽譜をとり出して、小声で歌ってきかせてみた。歌い終った時、「だめ、だめ、古賀さん、こんな古くさい感じの曲は現代にはとてもむかないわ」と、にべもなく云い放つと、彼女は席を立って行ってしまった。そうか、やっぱりだめであったのか、落胆して身をちぢめている私の耳に洋盤のレコードが嘲笑うようにきこえたものである。

しかし、これは私の思いすごしにすぎなかったのだった。ちょうど『君恋し』『アラビアの唄』など、センチムードの歌謡曲も出はじめようとしていた時であったから、時代にさきがける意味もあって、かなりヒットした。

この曲は後に、ふたたび藤山一郎君によって吹き込まれ記録的なヒットとなった。

デビュー時代とコロムビア

大学卒業

昭和四年頃、不況の街々には失業者が溢れていた。私はこの年の三月明大商学部を卒業した。この頃はよほどのコネでもないかぎりこれという就職先を得ることができなかった。『影を慕いて』のレコードはかなり売れたにもかかわらず、この頃の私にはまだ作曲家として生きる自信は持てなかった。第一、作曲したとしても曲をどこへ売りに行けばよいのかあてもなかったからである。結局、当分は音楽院の教師をしながら、作曲の勉強をしようという方向しか摑めなかった。いずれチャンスもあるだろうと思っていたがやはり不安だった。卒業と同時に小石川武島町の下宿を引き払い、代々木上原に移って、弟の治朗とマンドリン・クラブの後輩である茂木了次君（後、テイチク文芸部員）と共同生活をはじめた。下宿を引き払うとき小母さんが、「お別れに……」と古ぼけた一刀彫の大黒さまを贈ってくれた。

上原の家は小さいがいい家であった。家財道具といっても大した道具もない独身三人の集まりに過ぎなかった。ただ一つだけ下宿の小母さんから贈られた大黒さまだけは、棚上に納めて榊と水だけは絶やさなかった。

この年は私の前途に光明が見えているようでありながら、なにかもう一つはっきりしない年であった。やがてこの年も終り、新しい年があけると、大学が私の就職を心配して保険会社に推せんしてくれた。試験はパスしたが、給料を聞いて見ると、駿河台音楽院のアルバイトの収入をはるかに下廻る額であり、自分の音楽志望と進路が異る面もあり、こちらから断ってしまった。

コロムビアへ入社

それから間もなくのことであった。コロムビアの文芸部長の米山正氏（作曲家米山正夫氏の尊父）が私に会いたがっておられるという話がつたわってきた。ビクターなら前回レコードをだしているが、現在までコロムビアとは縁がなかったので半信半疑でいると、それから間もなく米山さんから御連絡があって、銀座千疋屋のパーラーでお眼にかかることになった。

米山さんのお話は、うちの専属作曲家になって『影を慕いて』のような珍しい作品を入れて欲しいというのであった。しかし、私は学生時代には、主として『メヌエット』などのクラシックの練習曲などを作っていたので、歌謡曲の作曲家として生きることには、やはり自信が持てなかった。そこで、「コロムビアに勤めることは有難いことですが、作曲家ではなく、普通の社員ということでお願いしたい。学校の成績も一応十番内には入っているのですから……」とお答えしておいた。

ところが、一週間ぐらいたって会社から来た採用の通知書を見ると、やはり作曲家ということであった。一ケ月、一―二曲書くというのが条件となっていた。自信は持てなかったが思いきってやって見ることに決意し、米山さんにお返事したところ、「月給はいくら希望するか」と尋ねられた。「これまで六十円でやってきたから、八十円もあれば十分です」と答えると、米山さんはしばらく考えておられたが、「うちの会社は外人の資本であり、年々昇給するという方式ではないから、私が適当に考えておく」ということであったので、一切おまかせした。ところがその年の五月、会社から届いた辞令を見て私は思わず踊りあがった。辞令には、なんと月給百二十円と書いてあったのだ。当時は一流会社の課長以上の月給であった。

人間とは妙なものである。こちらが予想した以上の月給やギャラをポンと出されると、妙に自信もつくし、自分でも予期しない能力が不思議に湧いてくるものである。米山さんはこのような人使いの妙手を用いる方であった。はじめて月給を貰ったとき、下宿の小母さんから貰い受けた縁起のいい大黒さまに供えて拝んだりした。また、早速母にも喜んでもらうべく「命がけで働き必ず名前を出して見せます」という誓いを書き送ったりした。

その頃、レコード会社には、ビクター、コロムビア、パルロホン、ポリドール、キングなどの各社があった。このうちパルロホンだけは欧州系であったが、いずれも企画に行きずまりを感じているようであった。義太夫、浪曲、ジャズ、歌謡曲等どれをとってみても、大きく売れるものがなかったようであった。多種少量の生産が行われていた模様であった。大衆がみなで唄える歌がなかったのは、その頃の音楽的世代が多様であったことに原因があったように思われる。そういった過渡期に、私がレコード界に飛び込んだのは非常に幸運であったが、よりどころとする先人の道が残されていないため、苦労も多かったように思う。

キャンプ小唄と月の浜辺

昭和五年五月コロムビアに出社すると、早々から作曲にとりかかった。そして入社一ケ月目のノルマとして完成したのが、島田芳文作詞の『キャンプ小唄』と鹿山鶯村作詞の『娘心』の二曲であった。

キャンプ小唄

島田芳文　作詞

〽山の朝霧　茜の雲が
そっと靡いて　東雲千里
嘶くは裾野の放し駒

さて、この歌を誰に歌わせようかということになった。当時、会社には持駒が二人いた。その一人は上野音楽学校を中退した黒田進という青年である。作曲家の高木東六さんと同期だということだった。この人が後年の花形歌手楠木繁夫君である。コロムビアの大阪支店に一般社員として勤務していたのを発掘してきたということであった。

もう一人は、ついこの間慶応幼稚舎の歌を吹き込んだ甘い声の持主がいるということだったので、それを聞いてみたところたいへん気に入った。その男がいまちょうど来ているというのですぐに会わせて貰った。会ってみると二十歳前後の非常にスマートな青年で増永丈夫と紹介してくれた。上野音楽学校にまだ在学中だという。このキャンプ小唄は、軽快で都会風な歌なので、この男にむいていると思い、この人に白羽の矢をたて唄って貰うことにした。

本人はレコードを出すことになると、本名では学校に知れるとまずいというので、では芸名を考えましょうというと、増永君は「藤山一郎などは、どうでしょう」と自分で芸名を考えてきていた。上品でしかも覚えやすいので私も賛成した。こうして、歌手藤山一郎が誕生したのである。この頃の歌の世界では、とにかく怒鳴るように唄うことが流行っていた。アメリカにもアル・ジョンソンという人気歌手がいたし、浅草でも田谷力三さんなんかは、大向うを唸らせるような唄い方であった。

レコード界の場合には、私のときはすでに電気吹込であったが、その直前まではロウ管に吹き込むのであった。マイクのかわりに、大昔の蓄音器のように大きな金属製のラッパがあり、そこにむかって吹き込むのだが、感度が悪いことはいうまでもない。小さな音や高い音はなかなか入り難い。声量のない歌手は、それだけでもハンデイがあってうまくいかなかった。電気吹込になってからも、初期のうちはマイクの性能も悪かったし、また、歌う方にもロウ管時代の遺風もあって、相変らず怒鳴るような歌い方が続いていた。この様な事情があり、怒鳴るように唄ったこの頃には、こうした仕方がない一面があった。ところが、藤山君はロウ管時代の経験が全くないことがここでプラスしたと思う。電気吹込の マイクの 性能をよく知っていて、歯切れのよい軽快な感じを出すことに成功した。これがひどく新鮮に聞こえたので、ブームをつくる原因になったのだと思う。やはり、新しい時代にふさわしいセンスの持主であったのだ。

果たして、『キャンプ小唄』は好評を得ていい成績を収め、私としては上々の滑り出しであった。裏面は『月の浜辺』で河原喜久恵さんが歌った。伴奏はギターでつけ、私がひとりで受け持った。

『娘心』のほうは〽おぼろ月夜の……という唄い出しであった。女性の間に断髪が流行しはじめた頃であったので、そのイメージもあり、上野出身の関種子さんに歌って貰うことにした。私の初期のもので、女性歌手は、たいていは関種子さんか淡谷のり子君であった。

どの歌手も、私の曲のイメージを、最も効果的に唄いあげてくれる有能な人々であった。私はすっかり調子づいて、一世を風靡するメロディーを書こうと張り切った。

このときからもう少し後の時期になるのであるが、私はコロムビアでの地歩が固まると、明大マンドリン・クラブの後輩たちをコロムビアに入社させた。原野賢三君（昭和七年卒業）茂木了治君（昭和八年卒業）たちであり、私が後年テイチクに移るとき行を共にしてくれたのである。

酒は涙か

酒は涙か溜息《ため》か

高橋掬太郎　作詞
古賀　政男　作曲
藤山　一郎　歌

〽酒は涙か　溜息か
こころのうさの

捨てどころ

遠いえにしの　かの人に
夜毎の夢の
切なさよ

酒は涙か溜息か
悲しい恋の
捨てどころ

忘れたはずの　かの人に
残るこころを
なんとしよう

高橋掬太郎さんの作詞がコロムビアの文芸部から渡されたのは、昭和五年の夏のはじめであった。九月の新譜に予定しているので急ぐようにとのことであった。後年、有名になった作詞者の高橋掬太郎さんは、その頃はまだ北海道の新聞記者だったが、函館行進曲などを作詞したことから、コロムビアの文芸部と関係ができたのである。文芸部の話によればその高橋さんが、とくに私を名指しで歌詞を送ってきたという。

この歌詞を貰ったときひどく困惑したことは、七五調の歌詞がたいへん短かく、民謡というよりは、都々逸に近いことであった。三味線でさらりと曲をつけるのであれば、わりと簡単にいけるのだがとも思った。後年、私は短かい歌詞に曲をつけるのを得意とするようになったが、この時は、どうすべきか全く見当もつかなかったのである。そうかといって、都々逸風のものをレコードにしても、売れる数も限界があるだろうし、会社も受付ないにちがいないと思った。

その頃はひどく暗い時代であった。その前年の十月二十四日ウォール街の株式が大暴落を演じ、これがきっかけとなり、全世界は大恐慌の波にのまれてしまった。わが国には、それより一足はやくこの様相があった。第一次大戦が終ると、すぐに不景気が襲ってきたのであるが、大恐慌は一層わが国の経済を悪化させずにはおかなかった。街には失業者があふれていた。『失業都市東京』という小説や『大学は出たけれど』等という映画が現われた。多くの人が自棄になり、絶望しているかのようであり、どこへ行っても深い吐息が聞えてくるような世相であった。

自棄を裏返えして表現すれば馬鹿騒ぎになる。これを物語るように大都市はジャズのけたた

『酒は涙か』を吹き込んだ頃。肺浸潤でたおれ，神田駿河台杏雲堂病院に入院した。肺の病が不治の病といわれた頃のことだったが，幸い一カ月で退院することが出来た。

ましい喚声に明け暮れた。各所の盛場は夕方になると、カフエーやダンスホールが妖しい官能的なネオンをともして、歓楽の夜を展開していた。

私は高橋さんの歌詞に大都市と地方の落差をはっきりと感じた。大都市の繁華街をモガとモボが腕を組んで濶歩し、ジャズ音楽に身も心も奪われているとするならば、地方の青年たちは、場末の暗い酒場で酒をあおって、沈吟していたにちがいなかった。どちらも、同じムードの表現ではあっても、これだけ大きい差がある。ジャズと都々逸。それは音楽的に図式的に表現すれば一オクターブ七音と、五音の東洋的短音階との差であった。この落差を埋めなければ、この時代の世相を反映し、すべての人々に共感を得る曲はできないと私は思った。

その頃の歌謡曲には、たいてい三味線の伴奏が入っていた。都会のモガ・モボたちは、ただそれだけでも歌謡曲に反撥を感じてしまう。一方、その頃のカフェーには、奇妙な現象が起こっていた。ダンス芸者というものが進出しはじめたのである。それは、四畳半、三味線ムードにもあいたが、そうかといって女給とジャズにもついて行けないという大衆の要求から出現したものに相違なかった。大衆も私が模索しているものと同じものを求めているようであった。

そんなある日、ギターの性能を活かすことによって、解決の端緒が得られるのではないか、というアイデアが私にひらめいた。それから、毎日ギターで三味線の曲をひいてみたり、古い民謡や義太夫というようなものまで弾いたりしてみた。そして、突然あのメロディーが浮かんできたのだった。

曲ができあがって、ディレクターのところへ持っていくと妙な顔をしていた。それほど、その頃は変った曲だと思われていたのである。それを室内楽風にアレンジして楽団と練習してみた。そのときバイオリンを弾いていたのが、後年、東京放送管絃楽団の指揮者になられた前田環さんで、また、チエロを受け持ったのが、日響からN響にかけて、長い間チエロの首席奏者をつとめられた大村卯七さんだったと思う。その頃は、お二人ともまだ新交響楽団のメンバーで、苦難の〝わが道〟を歩まれていたころであった。新響の月給は十五円から三十円ぐらいということで、アルバイトに来ていたのだった。

この歌を藤山一郎君に見せたところ、はじめはやはり妙な顔をしていたが、さすがに、すぐになにかを感じたらしく、「一つ、歌い方を変えてみましょう」といった。それがいままでいうクルーンという唄い方であった。生で聞いていると、ほとんど抑揚がなく、呟くような歌い方であったから私も心配になったが、レコードに仕上って見ると、私の作曲意図は最大限に生かされていた。クルーンはずっと後になって、ごく普通の常識になってしまったが、まだその頃は国内では誰も知らなかった。藤山君は独特の勘で、『酒は涙か……』のムードにもっともぴったりすると見抜いて、未知の歌い方を使ってくれた。

『酒は涙か……』の裏面は、やはり高橋さん作詞の『わたしこの頃憂欝よ』であったが、これは割合に楽に作曲できたように思う。歌ったのは、東洋音楽学校を出たばかりの淡谷のり子君であった。その頃、浅草のオペラ館で田谷力三さんたちと、いわゆる〝浅草オペラ〟の歌手として活躍をはじめたばかりのときであり、後の頃のように堂々たる貫禄はまだなかった。もっとも、私もいまとは比較にならぬくらい体が貧弱に痩細っていた。

いよいよ九月に発売されたときは、売れ行きには全く自信がなかった。入社したばかりだから売れなければ困る。「なんとか、普通の点を稼ぐことができれば……」と願っていた。ところが、十月に入った頃になると文芸部の連中の私にたいする態度が急に変ってきた。そこで販売部に売れ行き状況を尋ねたところ新譜は月内に全部売り切って、増刷分をプレス中だということ。こんなに早い売れ行きは初めてだということであった。それがさらに十月中旬になると、プレスが追いつけなくなってしまった。会社はほかのレコードのプレスを中止して、この曲に全力を傾け徹夜作業しているのだが、全国の代理店から殺到する注文をさばくことができなかったのである。そして若い人も年寄りも、農村も都会も、国中が『酒は涙か』で埋まった。九月に発売されたレコードは、その年のうちに百万枚を突破した。

丘を越えて

丘を越えて

島田芳文　作詞
古賀政男　作曲
藤山一郎　歌

〽丘を越えて　行こうよ
真澄《ますみ》の空は　朗らかに

晴れて　たのしいこころ
鳴るは　胸の血潮よ
讃《たた》えよ　わが青春《はる》を
いざゆけ　遙か希望の
　丘を越えて

『酒は涙か』につづいて、その年の暮れ、この『丘を越えて』が発売されたが、これも会社のプレスが壊れてしまうほど増刷された。まるでアンパンかなにかのように売れたのである。レコード商売は、マーケット・リサーチということが全く不可能なのだ。『酒は涙か……』からわずか半年後、世相はいぜんとしてどん底時代なのに、一転して、今度は明朗で軽快な曲がブームを呼んだのである。

実は私がこの曲を書きあげたのは、その時から約二年前の明大卒業の春のことであった。私はマンドリン・クラブの学生たちといっしょに、小田急沿線の稲田堤にハイキングに行った。桜はちょうど満開であった。貧乏学生たちの楽しみといえば、しょうちゅうと相場が決まっていた。

当時は現在のように清酒を飲むことは少なかった。この日も私たちは、しょうちゅうを一本下げて出かけた。

　私たちは、郷里九州のしょうちゅうに砂糖をかきまぜて用いるやり方で、ハラハラとこぼれる桜の花びらをさかなにしこたま飲んで酔っぱらい、さんざん唄い騒いでその日も暮れた。下宿に帰って帽子を脱ぐと、ビジョウのところに桜の花びらが一枚はりついている、この花びらをじっと見つめているうちに、昼間の楽しかったハイキングの情景がよみがえってきた。学生時代さいごの花見か――、二度と返らぬ若さがかぎりなくいとおしくなってきた。そのとき、軽快なマンドリンの音（ね）が頭に響いてきた。頭の中のメロディーは次ぎからつぎへと、おもしろいように変化していった。私はマンドリンを取り上げて楽譜に写していった。こうして一編の歌ができた。これが『丘を越えて』のメロディーであった。

『酒は涙か……』の吹込のとき、藤山君が「つぎはなにか軽快なものがいい」というので、このメロディーをちょっとハミングして聞いて貰うと、「気に入った」という答えであった。私も藤山君の歌い方は歯切れがいいので、すっきりとした歌ができあがると思い、さっそく島田芳文さんに作詞をお願いした。

　作詞は素晴らしいものであったが、曲には一部字余りになっているところもあった。たとえば「朗に」のところである。曲にぴったりと合わないので、「ほンがアらアかァに」という風に唄わなくてはならないのはそのためであるが、そのまま構わずに吹き込んだ。

西条八十、佐藤惣之助の両氏が、私のメロディーのセンチな方面の歌詞を書いたとすれば、この島田さんは明朗なほうの役割を持ってくれたのだった。『キャンプの唄』『スキー小唄』『ハイキングの唄』など、すべて島田さんの歌詞である。

『丘を越えて』の吹込は、『酒は涙か……』の発売よりもだいぶ早く、発売直後かその翌月ぐらいだったと思う。『酒は涙か……』の売れ行きが素晴らしいので、会社が年末商戦の持駒とするため発売をおさえていたのである。

私はこの四曲でたしか二百万枚をこえる印税を会社から貰った。『丘を越えて』も五十万から六十万枚ぐらい売れたのではないかと思う。その頃、わが国の蓄音機は樺太、台湾まで含めて約二十万台といわれていた。プレィヤーを持っていない人からも買って戴いたわけである。この四曲によって漸く私の作曲家としての地位も固まり、コロムビアのドル箱といわれるようになった。

著者を励ましてくれた母。著者のデビュー曲が全国津々浦々にまで出廻り唄われる頃亡くなった。『影を慕いて』『酒は涙か』の作曲は母に捧げる鎮魂歌であったという。

私の『酒は涙か……』のあとで『酒は涙かため息よ』という曲が出た。作曲家は若い日の服部良一君であった。服部君はその頃関西で活躍していたのだが、私の歌を聞いて、歌謡曲の世界が激動しているのを感じて上京する決意を固められたという。

私は印税を貰うと早速母に手紙を書いた。私が空腹にたえかねてマンドリンを質入れしようとしたとき、必死に働いてためた五円八十五銭を送ってくれたのは母であった。あの時、マンドリンを手放していたならば、私の音楽修業も中断されただろうし、今日の私もあり得なかったかも知れなかったのだ。

「かあさん、喜んでください。やっとどうやら、かあさんを慰めることができるようになりました。いつか五円八十五銭送っていただきましたね。僕はあのとき、かあさんの心遣いのうれしさに泣きました。

きょうは、あのお金を百倍にして五百八十五円お送りします。かあさんいつまでも長生きしてください。」

私はにぎりこぶしで流れる涙をごしごしこすりながら、病床の母へ便りを書いた。

その頃母は中風で病床にあった。私はなんとかして早く母を呼びよせ、東京の一流の医者に診てもらおうと思った。

絵になった『酒は涙か』

昭和五年初秋の夕暮れどきであった。中年の着流しの男と夫人とおぼしき人が花束をもって訪ねてきた。「私は、あなたと同姓の古賀というものです。もしかしたらあなたも九州の御出身ではないか、と思っておたずねしました」という。私は福岡県三潴郡田口村の生まれであることを話したら、その人は急に顔をほころばせて古賀春江という絵かきである、と名のって親愛の表情を見せた。

当時の古賀春江氏は、独特の画風を世間に認められ始めていた頃だったのである。「酒は涙か……にすっかり魅せられまして」と春江氏がいうのだった。

その後春江氏とは詩と音楽について何度か語りあったが、詩に対する造詣の深さは大へんなもので、この人は画家としてもさることながら詩人になるべき人ではなかったかとさえ思ったほどだった。この年も冬となり、冷い風が吹く日だった。春江氏が一枚の絵を持ってやってきた。「『酒は涙か……』を絵に書いてみたのですが、イメージが出ていればいいのですが」と、そうっと絵を差出すのだった。それは詩情溢れる気品に満ちたすばらしい絵であった。

春江氏はこの一枚の絵を生みだすために、三ケ月もの間精魂を傾けた作品だった。この心の試練を春江氏から学び、ありがたく頂戴し、その後はわが家の最高の家宝としてつねに玄関に飾ってあるが、仕事上専属作曲家としての私は、会社に利益を上げさせる様な曲を作らねばならないということと、大衆音楽として恥ずかしくない作曲を残したいということの間には大きいギャップがある。このような苦しみのとき、私は春江作の『酒は涙か』の絵の前に立って静かに考え、解決の鍵とするのである。

この歌謡曲が絵になって二年に満たない短い交友ののち、春江氏はその才能を惜しまれながら亡くなられてしまった。今日では三十年以上にもなるが、新しいことのように想われてならない。

藤山一郎君の停学処分

私の二つのヒット曲によって、それまで赤字会社であったコロムビアも完全に立ち直ったが、私の心は楽しまなかった。つぎをどうするかという恐怖めいたものを絶えず味わなければならなかったからである。そのうえ、私は心理的に大打撃をあたえられる事件が起こった。藤山一郎君とのコンビが組めなくなったことである。

デビュー当時の藤山一郎君は、完全な覆面歌手であった。あれほど一世を風靡しながら、藤山一郎とはどんな経歴の男か、またどんな素顔の男かすべて謎につつまれていた。これは藤山君の人気を高めるうえにも、レコードの売れ行きをあげるうえにも大きな効果があった。だがこれは、現在のような新人売出作戦ではなかった。音楽学校の厳格な校則に対抗するため、止もう得ずとられた藤山君の防衛策にすぎなかった。当時の上野の生徒のなかでは、校外の公衆のまえで歌うことができるのはキリスト信者にかぎられていた。つまり、教会で讃美歌を唄うことだけは認められていた。レコード吹込などタブー中のタブーで、学校側に知られたならば、すぐ厳重に処分されたのである。

その頃のレコードには、必ず歌手のポートレートが付けられることになっていたが、藤山君の写真は出すわけにはいかない。そこで代りになにか入れようというので、作曲者の私の写真が登場した。このおかげで、どこへ行っても大変もてたものである。しかし、あれだけレコードが売れると正体をかくしおせるものではない。上野では、だんだん増永丈夫がどうも臭いという噂が広まりはじめた。

昭和六年春の明治大学マンドリン・クラブの定期公演のときのことであった。藤山君は学生に頼まれて、うっかり出演を承知してしまった。藤山君が『酒は涙か……』を唄って、花柳徳三郎君が踊るというのであった。藤山君が素顔で出演するというので、当日の会場は割れるような入りであった。ところがその日になって、音楽学校のスパイが会場に潜入しているらしいという情報が藤山君のもとにつたわってきた。そこで藤山君は、聴衆を裏切らず、また、スパイの眼にもふれないという苦肉の策、というよりは珍計を考え出した。

さて、プログラムが進んで呼び物となった。ところが舞台に現われたのは花柳君だけであった。どこからか藤山君の歌が流れ出し花柳君が踊りはじめた。聴衆はそんなことでは承知しない。「早く藤山一郎を出せ」と蜂の巣をつついたような騒ぎになった。藤山君は舞台の幕のかげで唄っていたのであるが、形勢悪るしとみて、ほうほうのていで逃げ出した。

この珍事があってからしばらく後に、〝ピンちゃん〟(私たちは一郎の一から『ピン』と彼のことを呼んでいた)の正体は、ついに学校側にバレてしまって、無期停学処分を受けることになったのである。処分は一ケ月後には解除されたが、その際藤山君は、「今後、絶対レコード会社では唄はない」という一札をとられてしまったので、吹込だけは不可能になった。

藤山君をはじめ、楠木繁夫君や関種子さんなど、デビュー当時の私の曲を唄ってくれた人はみな音楽学校の出身者であった。正規の音楽教育を受けていない私は、彼らを前にして、負けまいと必死になって背伸びし、彼らの教養をなんとかして吸収してこれを上廻ろうと苦しみかつ努力した。そうしてレコード吹込まで激しい努力を重ね、一語一語に創意をこらし情熱をかけていった。

この間、藤山君には期待するところが大きかっただけに、音楽学校の処分問題が私にあたえた衝撃も大きかったのである。

しかし、その後も交友はずっと続き、藤山君の卒業が近づいたとき文芸部長の和田竜夫さんと私の二人で神楽坂の料亭に呼び出して、契約の駄目押しをしようとしたが、藤山君はなぜか言葉を濁してはっきりした返事をしなかった。妙だなと感じていたが、そのうちビクターと契約した、という情報が入った。「ピンちゃん、ひどいじゃないか、あれほど頼んでいたのに……」私は肚をたてて文句をいった。藤山君はけろっとした顔で、「契約のことは、親にも話せないことだってありますからね」という。私は呆れてしまった。昔から、表面は柔いが芯はなかなか強い人だった。しかしよく聞いてみると、無理からぬ話でもあった。コロムビア側が藤山君は月給制を主張したのに、印税という線を譲らなかったのだそうである。その頃のコロムビアは、日本人の話にはあまり耳を傾けず、会社の方針をゴリ押しに押しつけようという傾向が強かった。藤山君が同じ条件でビクターと交渉したところ、すぐＯＫしてくれたのだという。事前に聞いていれば、私も首脳部に話してなんとか纏められたのにと悔まれたがあとの祭であった。その後、藤山君の後輩に当たる松平晃君がコロムビアに入社してきて、私とコンビを組むことになった。

著者コロムビア時代
前列左から松平晃君。楚々なる風情だった淡谷のり子君。著者。

初期のコロムビア時代

当時、私が作曲したものには、『わたしこの頃憂欝よ』『スキーの歌』『嘆きの夜曲』『赤い唇』『風も吹きよで』『歓喜の歌』『美わしの宵』『窓に凭れて』『放浪の歌』『春じゃもの』『サーカスの唄』『ほんとにそうなら』『はてなき旅』『東京祭』などがある。

当時の歌謡曲界には、ちょうど世代的にも断層期であったからであろうか、私と同年輩の作曲家はいなかった。ところが、私の『嘆きの夜曲』が売り出された頃のことである。ポリドールの新譜を聞いていた私は、鮮烈な衝撃を受けた。それは『忘られぬ花』という曲であった。作曲したのは、後年『急げ幌馬車』で一世を風靡した江口夜詩君であった。私は容易ならぬ強敵が現われたと思った。果たして『忘られぬ花』は、私の『嘆きの夜曲』を上廻る売れ行きを見せていた。

サーカスの唄

西条八十　作詞
古賀政男　作曲
松平　晃　歌

へ旅のつばくろ　さびしかないか
俺もさみしい　サーカスぐらし
とんぼがえりで　今年もくれて
知らぬ他国の　花を見た

コロムビアも江口君を放っておかなかった。さっそく、ポリドールからスカウトしてきて専属作曲家の一員に加えたのである。江口君と私は入社歓迎会で固く握手を交したが、江口君の出現は、私には絶好の刺激剤であった。文芸部長の和田さんも、「仕事のうえではライバル、人間としては親友ということでやってくれ」と、私たちを励ましてくれた。このようにして江口君と私のシーソー・ゲームが始まった。江口君が『港の雨』を出せば私が『サーカスの唄』を『十九の春』を出せば『ほんとにそうなら』をといったぐあいだった。いまでも〝好敵手〟である江口君との交友はこうしてはじまった。

それからしばらく後、私を非常に不快にした事件が起こった。その頃会社の文芸部には若き日の古関裕而君がいた。古関君は根っからの芸術家であり内省的な性格の持主であった。私が活躍しはじめると、彼はすぐ壁にぶつかってスランプに陥ってしまった。江口君が入社したとき、古関君が再契約の時期にさしかかっていたが、会社が古関君とは再契約しない方針だという噂がどこからともなく流れてきた。私が確かめてみると、噂はどうも本当のようであった。私は憤慨した。芸術家にはスランプはつきものである。とくに作曲を商売にするものには、スランプは周期的に襲ってくる。それを理由に契約を左右されたのでは作曲家は全く立つ瀬がない。永久にスランプ状態が続くわけでもないし、一たび調子をとり戻したときには、月給の何千、何万倍もの利益を会社にもたらすのである。

これは〝あすはわが身……〟だと思ったので、すぐに和田文芸部長に抗議した。私のいい分は通ったが、会社側の作曲家にたいする本音を聞いた思いで愉快ではなかった。江口君をスカウトしたことも、私の対抗意識を煽りたてて尻を叩こうという企みがあるのではないか、とカングぐれないこともなかった。はたせるかな、古関君はその後スランプから立ち直って『船頭可愛いや』を書き、音丸君というスターをつくった。さらに、日中戦争が起こってからは『露営の歌』を出し、昭和歌謡史に新しい一頁を加えたのである。

薄幸の歌姫佐藤千夜子さん

私に作曲家として生きる最初のチャンスをあたえて下さった終生の恩人は佐藤千夜子さんであるが、この人は運に恵まれず、歌手として有終の美を飾ることができなかった。これは『椿姫』の運命に似たところもあって、傷ましく思われてならない。

佐藤さんの悲劇は、芸術への飽くなき憧憬にそもそもの出発点があった。それだけに、私は一そう哀しい物語に思えてならない。しかし、似たような悲劇が当時は多かったように思う。初期の歌謡曲界に生きる人々のそれが宿命でもあったのだ。

佐藤さんの当時の地位は揺ぎないものであったが、内心には常に憂悶を抱いておられたようである。歌謡曲の花形歌手ということそれ自身が苦痛の種であったのだ。佐藤さんは音楽学校を出ていただけに、リードかオペラで活躍されたかったにちがいなかった。クラシックの世界の人々は、歌謡曲畑で活躍する人々を『流行歌手』と呼んでいた。これが実のところ当時は蔑称であったのだ。佐藤さんはこの呼び名に、激しい屈辱感劣等感を味わっておられたようである。その頃の歌謡曲の歌手は、たいていは音楽学校で正規の課程を終えていた。リードが歌いたい、オペラのプリマになりたいと、内心では願っていた人が多かったようであった。

しかし、その頃の音楽人口なんか知れたものであった。放送局の需要だって微々たるものにすぎなかった。それでも唄わずにおれないのが歌手である。とにかく、生きているうちに唄うチャンスと場所をみつけなくてはならないのだ。ほかの芸術のように、死後、再評価されるチャンスはない。「棺を覆うて後、定まる」というわけにはいかないのである。

私が売り出してから間もなくのことであった。佐藤さんがオペラの勉強にイタリーへ行くということを聞いて非常に驚いた。いまの私ならばどんな風にでも説得して、断念してもらうのだが、当時の私は佐藤さんに意見を申上げる立場ではなかった。それから一年か二年たって、私の許に、イタリーにいた佐藤さんから突然電報が来た。旅費がなくて帰国できないから金を都合して欲しい。というような電文だったと思う。そこで、私は二千円ほどすぐ工面してお送りした。

ところが、帰国されたことが新聞にのってからも、私のところにはなんの連絡ももらえなかった。もし金のことを気になさっているのなら、こちらから出かけて行くのも悪いのでそのままにしておいた。私は佐藤さんの帰国演奏会が華やかに開かれるものと期待していたのであったが、そんな様子でもなかった。帰国されてどれほど経ったときだろうか、佐藤さんが神田の日活館で、マダムバタフライのアリアをアトラクションとして歌っておられるという話が伝ってきた。私は首をひねった。クラシックの歌手として再出発するにしては場所がどうもパッとしない。うまくいっていないのだなと感じた。それにビクターとも縁が切れていたようであった。

それから再び佐藤さんの消息はふっつりと消えてしまって数年がたった。ところがある日、佐藤さんが突然訪ねて来られた。応接間に坐るなりいきなり私の眼前で指輪を脱されて、「これでお金を貸してちょうだい」といわれた。私はそんな佐藤さんに荒廃を感じて、いいようもなく寂しくなった。私は家にあった千円あまりの金をそっくりお渡しし、すぐ指輪を元のように指に戻していただいて「御結婚なさったら、いかがでしょう」と申上げた。「いいえ、私はいつまでも歌に生きるのよ、そうするほかないの」というのが御返事だったがなにか佗しそうであった。それがお眼にかかった最後になった。

それから、間もなく、私は新聞の社会面で、はからずも佐藤さんの近況を知った。なんでも銀座かいわいの現在でいう何とかマンション式の豪華なアパートに住んでおられたのであった。ところが、附近のピアノ店で窃盗事件が起こって、佐藤さんにも容疑がかかっている、ということがセンセーショナルに報道されていたのであった。昔の新聞であるから、参考人を容疑者に仕立ててしまうこともあった。佐藤さんも結局はそういう意味での被害者であったと聞いている。しかし、佐藤さんはそれっきりどこかに姿を隠してしまわれたのだった。

佐藤さんのように、途中からクラシックへの郷愁にたえかねて再復帰をはかった歌手は、たいていい失敗に終ったように思う。歌の世界も閉鎖的であったのだ。そして、このような不幸な挫折を貴重な教訓として、一たん踏み入れた歌謡曲の世界でジレンマと闘って、ひたすら唄い抜き、芸を磨きに磨いた人々だけが、生命を永らえてきたように思うし、また、それだけに歌手としての生命も長いのである。歌手は決して消耗品ではないのである。

それにつけても、私は数年まえある週刊誌上にのった淡谷のり子君と、その頃マスコミに派手な話題をまいていたある新人女性歌手の対談を思い出す。淡谷君が、いまでも日に何時間もの練習を欠かさないことを話すと、その新人は大先輩をまえにして、昂然といい放った。「あら、レッスンなんて、私はぶっつけ本番主義よ」。そのとき、淡谷君はしみじみと語ったものである。「いまの方はご幸福ですのねえ」――それが心底からの嘆声のようで少しもいや味はなかったが、私はこの言葉のなかに、芸を生きぬいた人の自足と揺ぎない信念を聞いように思った。そのときの淡谷君の対談の相手は、あえて名前をあげてもいまでは思い出す人もほとんどいないのではないだろうか。

結婚生活

コロムビアに入社して三年目の昭和七年の暮れに私は結婚した。二十八歳になったばかりであった。その年のある日、文芸部長の和田竜夫さんが、私を呼んで熱心に結婚をすすめてくれた。相手は当時の松竹少女歌劇の人気スターの一人で、コロムビアの専属歌手であった。音楽学校も一応は出ているうえ美貌であり、仕事のうえで私も顔をあわせたこともあった。

「家柄もちゃんとしている。君にはまたとない人だ。思いきって身を固めたほうがいいんじゃないか」和田さんは身を乗り出して私を熱心に口説いた。その頃の私は、結婚には全く気乗りうすであった。考える暇がなかったのだ。少しまえにも、某映画会社のプロデューサーの義妹をお世話して下さるという話がコロムビアの幹部の人からあった。縁とは妙なものである。そのプロデューサーは、いまでは某有力映画会社の副社長としてときめいておられるが、私の義兄になられたかも知れなかったのだ。しかし、この話もはっきりお断りするのでもなく、なんとはなしに見送ってしまった。

その頃の私には、自分の身辺を顧みる余裕は全くなかった。もっと正直にいうとまるで自分あってなきがごとしで、なにか身体も心も宙にふんわりと浮いているようであった。得意になっていたのではなく、全く疲れきっていて、あたかも生死の境を彷徨しているといった有様だったのだ。

コロムビアでヒットが続いたとき、最初のうちは会社が喜んでくれたが、そのうちヒットすることがあたかも私のノルマであるかのようになってしまった。会社もそのように仕向けるし私にも慾があった。私は必死であった。つねに緊張し文字通り身心をすりへらして考え、そして働いた。私は、これがマスコミで働らく人たちの一度は通過しなければならぬ宿命であることを悟った。この事情は、当時も現在もいささかも変りがないが、また、小説家も俳優も歌手もみな同じような経験に一度は会うようだ。

私の場合は、いいメロディーがいつ浮かぶか、そのメロディーが大衆の心を果たしてとらえ得るかという問題である。まさに恐怖の日々の連続だったといっていいと思う。そこで、家庭をもてばこの疲れもいやされるのではないかということで、結局和田さんにすべてをおまかせすることにした。媒酌は山田耕筰さんご夫妻にお願いすることにして、その年末挙式したのであった。私の結婚は当時かなり話題となったので、年輩の方のなかには記憶されている方もあると思う。

だが、私の結婚生活は、一年も続かなかった。翌年の十月には、早くも別れる破目になったのだ。正直なところ私はこのいきさつにふれるのはいまでも避けたいのである。現在では他家に嫁いで幸福に暮らしているのでこれ以上は触れないでおきたい。すでに初老の静かな生活を送っている人の身辺に、いまさら波風を立てる権利は私にはないのである。

この事情は、あくまで私の一方的ないい分であるということをお断りしたうえで、離婚の理由について少しふれておきたい。

彼女は育ちはいいのだが、芸能界に早くから出たせいか、自分以外のことは全く眼中にない。結婚するとすぐに彼女の被害者が出た。私の家で使っている女中たちである。彼女は女中全部にヒマを出して、自分がこれまで使っていたのに替えてしまった。つづいてペットたちが犠牲になった。犬は趣味にあわないと捨てられたし、九官鳥は餓死してしまった。私の友人たちにも露骨に好悪の情を示すので、出入していた友人の何人かは、私から遠のいてしまうという有様であった。

私は昭和八年の夏ごろから、体の調子がおかしいと感じはじめていた。医師の診断をうけたところ肺浸潤であった。当時としてはかなり厄介な病気である。ところが、それから間もなく、妻はイタリーに声楽の勉強に行きたいといい出し私は啞然とした。夫である以上、彼女の芸術上の最大のパトロンは私であるにちがいない。彼女が芸術家として大成するうえに力をかすのは当然である。けれども、彼女も私の妻である以上、夫が危機にさらされているときせめて身辺にいることもまた当然ではないか。それは常識以前の問題である。母や姉などからは想像もできないことであった。私はそのとき、この結婚は周囲に大きな迷惑をかけたうえで破局を迎える日が来るにちがいないと思った。そうであるならば、早く結着をつけるほうがお互いのためにもいいし、また、周囲に迷惑をかけることも少くてすむ、というのが私の結論であった。

私が離婚の話を切り出したとき、誇を傷つけられた彼女は、「勝手になさるがいいわ」といったが、すぐに「そんなことが、もしできるのなら、おやりになってごらんなさい」と開き直った。彼女は一人娘だったので、私と結婚した直後に両親が隣に越してきていた。そのため騒ぎはよけいに大きくなった。それからのことは、私としては書くに忍びないほどの地獄の日々が続いたのである。

結局、われわれはあまり後味の良くない別れ方をしたのであった。私の離婚は再び新聞の大きな話題となり、別れた妻は、ある雑誌に手記を発表して私を攻撃した。しかし、私は一言も反論しなかった。それ以来、私はずっと独身である。だが、なにも独身主義をきめこんでいるわけでも女性がきらいなわけでもない。私とて女性はたいへん好きだし、いまだに結婚したいという希望は持っている。結婚するからには、おたがいが死ぬまで愛情への責任を持つべきだと思う。だが、いかに愛妻を持とうとも、男性心理の底にうごめくものはけっして美しいものばかりではないのだ。それに仕事がら、若い女性の出入りは多いし生活は不規則である。妻を傷つけるくらいなら独身のほうがよい、というわけで、ずるずる六十の年齢まできてしまった。だが、わがままで束縛されたくなかったからという理由だけではうそになる。真情は、いままでほんとうに心の美しい女性にめぐり会うことができなかったからなのだ。

芸能界というはでな世界で、少しでも名が売れると、なかなか素朴で純粋な恋愛の機会というのは得がたくなる。仲良くなる女性には、たいていいきたない打算や功名がうごめいていてうんざりする。こんどこそと思ったことも三度ぐらいはあった。だが、しょせん人間の欲望の悲しさ。初めは純粋でもしだいに相手の女性に意地きたなさが出てくる。笑われるだろうが、私はいまだにプラトニックな恋愛主義者である。それだけに、世間一般のむつまじい男女愛を見るにつけ、いかに羨やましいことか。いまでも若い男女が手を組み合って散歩している姿をみると、その幸福を祝って無性に話しかけてみたくなる。

詩人で彫刻家だった故高村光太郎さんは「芸術にとって、性欲は、ありすぎても困るし、無くても困る、執着心がほどほどになる老年期がいちばんいい」という意味のことを書いておられる。私も、人間に性欲がなければ、どんなにか人生はサバサバすることだろう、と思うことがある。だが古来偉大な芸術家や英雄は、また大精力家でもあった。バルザックやピカソやリストなどの風貌を見るがいい。精力が絶大であればそれだけ悩みも大きい。要は、この苦悩をいかに芸術作品や仕事に昇華させるかである。

テイチク黄金時代

テイチク入り

私は離婚問題が極度に煩しかった。まだ問題処理が完全についていなかったが医者のすすめもあったので、逃れる様にして伊東へ転地療養に出かけた。

ここでは、仕事や浮世のことを一切忘れるようにつとめ、世間との交渉を断って療養一途につとめたので、病気も漸く回復の方向に進んでいった。

ある日、湯に浸っていると、村会議員のような容貌の中年すぎの男が、前をブラブラさせながら近ずいてきて声をかけた。「こんなところで、失礼や思いまんねんけど、あんたはん、古賀先生やおまへんやろか」「ええ、古賀ですけど……」「わては、実は、奈良でオモチャみたいなレコード会社をやっております、南口というもんでんね」男はそう名乗ると、唖然としている私の傍にいきなり飛び込んで、そのまま湯のなかに潜り、顔をあげてぶるん、ぶるんと振った。その表情には、アザラシのように呆けた味があった。そして、私の横にぴったりとくっつくようにして、熱心に口説きはじめたのであった。

「わてはな、一つ東京へ進出せなあかんと考えておるところや。先生のような方に来ていただければ〝ハキ溜に鶴〟と思いまんねんけど、いかがでっしゃろか」この人物がテイチクレコードの社長南口重太郎氏であった。
　私と南口さんが、伊東温泉の浴槽で出合ったことは、決してただの偶然ではないと考えた。私が伊東のどこに泊まっているか、何時ごろ入浴するかなどを綿密に調査してのことであったに違いない。それに、私はレコード界では、『コロムビアのドル箱』という名で通っていたからである。まともにスカウトに来ることはとてもできない筈であった。人間裸のとき受ける方はわり合いに心が弱く素直なものである。南口さんはいろ色の計算のうえに立っての演出と作戦だったに違いなかった。また、関西弁をまる出しで私に話しかけてきたのも、私の警戒心をときほぐすうえの効果を考えてのことに違いなかった。

歌日記所掲

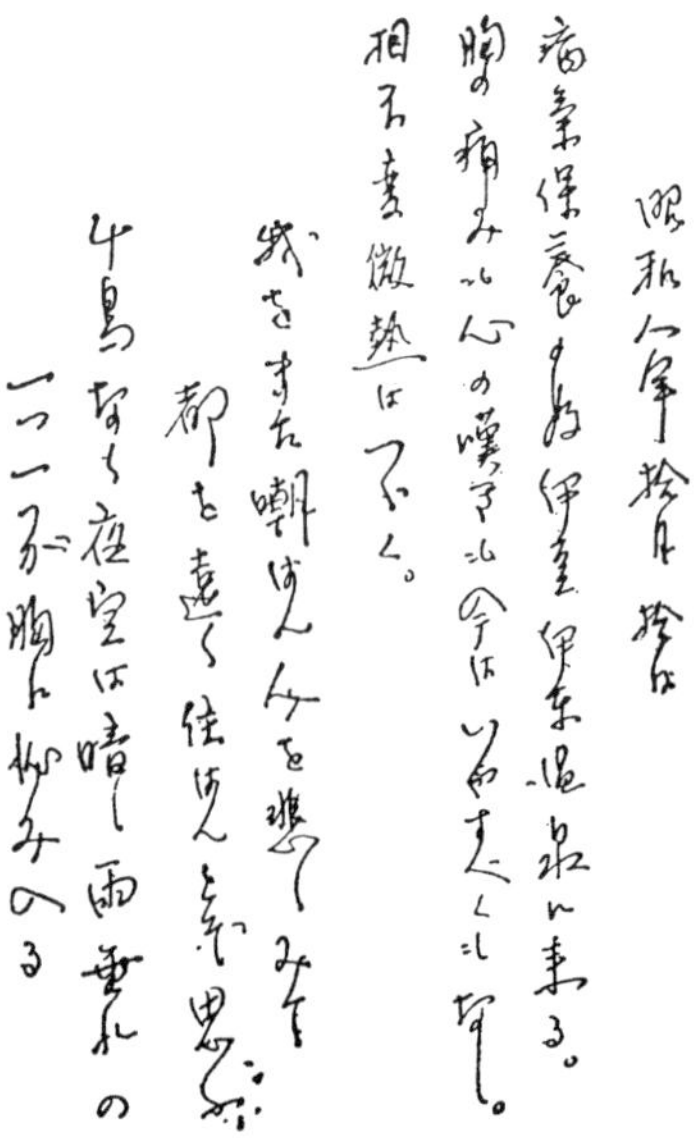

　南口さんは容貌と異りたいへんな古狸だと私は思った。私が過去において交際した範囲」では、これだけの演出をできる人物はいなかった。南口さんの言うとおり当時のテイチクは、コ

テイチクの東京進出披露パーティでスピーチする著者。青年重役として張切った。左が南口重太郎社長。

ロムビアにくらべると、まったくとるに足りない存在であったが、しかしこのような人物がひきいているならば、将来は発展の段階に進むであろうと感じた。この様な事情から私は南口さんの話に乗る決意を固めた。

私に決意させたもう一つの動機は、コロムビアの私にたいする態度にも我慢ならないものを感じていた。あれほど追い立てて働かせ会社の発展に尽力したにもかかわらず、私が一たん病気になるやまるで手のひらを返すように冷たくなったのである。アメリカ人の首脳部にとって、私はあくまで現地人社員にすぎなかったのだ。

その後南口さんとの相談が整った段階で、私はコロムビアにその旨を申入れた。ところが、会社はそれまで冷い態度であったのが急に平身してこのままいて欲しいというのだった。そして私の辞意があくまで固い事を知ると、「まだ契約中だから駄目だ」という切り札を出してきた。私が調べてみると、すでに契約以上の作品をつくっているので、「やるだけの仕事はやったんだから、申入れたとおりにさせて貰う」ということで、強行に踏み切った。ところが、会社は私を契約違反で訴え、私のピアノや椅子までも差押えるということをやってのけた。暫くの間ゴタゴタが続いたが、結局、私のいい分が通り法的に認められた。この事件でお気の毒だったのは和田文芸部長で、私が辞めたことが原因で退社されてしまった。

私はマンドリン・クラブ以来の七人の同志たちとともに、テイチクに乗り込んだ。昭和九年の五月のことである。このときコロムビアで、録音技師をしていた竹中という男も引き抜いた。七人の同志たちと私とでテイチクの文芸部をつくって、企画全部に責任を負うというのが仕事であった。

テイチクに移ってから、最初の仕事は『白い椿の唄』であった。これは菊池寛原作の『貞操問答』を、東宝が入江たか子の主演で映画化したとき、主題歌として作曲したものだったが、大ヒットとなった。幸先のよいスタートであった。

歌手に楠木繁夫君を選んだ。この歌で同君が世に出たのである。楠木君ははじめ黒田進といったがあまりパッとしなかった。テイチクに来たとき、転機をつかむためにも芸名を替えたいということであったので、社長にはかり南口さんの名前から大楠公を連想して、楠木繁夫と銘名した。

この歌を私が準備していたときの八月二十五日のこと、私は故郷からウナ電を受けとった。私が恐れていた「ハハ、キトクスグカエレ」というものだった。私はすぐに東京を発ったのであるが、その翌日、私が着くのを待たずに母は息をひきとった。六十三歳であった。

母は私がコロムビアに入社するちょっと前に、中風で倒れて病床にあった。姉ふじ子は郷里でその後再婚したが、そのまま家にとどまって母の看病を続けていた。母は、後には暫く小康を保っていたが、体の方が不自由で口は全くきけなくなってしまっていた。私の作曲活動はよく知っていてしきりに会いたがっていたという。

私は母を呼びよせたかったのだが、病状からしてすでに動かすことはできなかったので、東京で一緒に暮らすことはついに実現しなかったのである。

ディック・ミネ君

『白い椿の唄』が発売された昭和十年の一月、私は佐藤惣之助さんと秘書の清水柾男君の三人で、東南アジア一周旅行に出発した。横浜からアメリカの客船で上海まで行ったところ、そこで肺浸潤をぶりかえしてしまって、医者から動かないほうがいいと宣言され、それから先のプランは中止せざるを得なくなった。上海で一ヶ月にわたって静養したので体も回復してきた。日中戦争直前で現地の空気は険悪であったが、その周辺を見て廻った。

昭和十年，中国旅行中上海ガーデンブリッジにて写す。佐藤惣之助さんと著者。

ある日西湖見物に行ったとき、一等車内には私と清水君と客が一人いるだけだった。日本人だろうか中国人だろうかと考えているうちに、向こうから「失礼ですが、古賀先生じゃありませんか」と声をかけて来られた。それが西湖の町の領事さんだったので案内して下さることになった。西湖の美しさは、私の心のなかに、南画風の絵となっていまだに鮮明に残っており、大へんな収穫となった。

湖の中には、蘇堤、泊堤という道が走っていた。周囲を紅梅、白梅、竹林がとりまいて自然配置が素晴らしく、苔もビロードのように浮き出ていて美しかった。一隅に放鶴亭というのがあって、中国の絵画のモチーフとしてよくつかわれる鶴と老爺の物語は、ここが舞台だったと聞かされた。領事さんに記念に一句と所望されたが、あまりの美しさに心を奪われ、帰ってからという約束で別れたがついに果たせなかった。

この旅から帰国して早々に出したのは『ハイキングの唄』であった。歌詞は『丘を越えて』と同じく島田芳文さんである。このときコロムビアでも同じ題名でレコードを出した。作曲は江口夜詩君である。コロムビアとしてはテイチクを抑えたかったのであろうが、幸いにこれも私のヒット曲の一つになった。

その頃、会社のある男が「和泉橋のダンスホールで、タイコをたたいている日本人ばなれした、外人か日本人かわからないような大男がいる。これがバタくさい歌を唄うので……」といって来た。私はこれは面白いと思い、数人を連れてダンスホールへ行ってみた。なるほど、これは使えると考えたので、早速会社に来てもらい『ダイナ』を吹き込ませた。これが後に名声をあげるディック・ミネ君で『ダイナ』は大受けに受けた。テイチクの地盤がすっかり固まったのはこのヒット曲あたりからである。

つづいて、私は映画とのタイアップに眼をつけた。

映画主題歌と渡辺邦男さん

いまでは映画に主題歌をくっつけるなんていうことは、まったく古典的な宣伝方法になってしまったが、わが国に映画主題歌なるものが登場したのは、昭和十年の日活映画『裏街の交響楽』ではなかったろうか。そのときの契約条件はちょっといまでは想像もつかないものであった。

つまり、レコード会社は、自分のところから発売した歌を、映画の中に取り入れてもらうことの交換条件に、映画の音楽録音をすべて無報酬で手伝ったのである。小さなアトムのオモチャ一つでも、漫画家に使用料を納めねばならない現在とは大違いである。

その後封切られた『のぞかれた花嫁』の映画主題歌『二人は若い』で、ディック・ミネ、星玲子のコンビがたいへんな人気になった。これに味をしめた日活は、つぎつぎと主題歌つきの映画をつくり、杉狂児・星玲子のコンビは、映画スターとレコード歌手という二つの人気肩書きをえた。この作戦が図に当たったので、やっと映画会社もレコード会社も、歌えるスター捜しに血まなこになり出した。いまでいうコンビナート作戦のじつにのんびりした原型である。

二人は若い

サトウハチロー　作詞
古賀　政男　作曲
ディック・ミネ
星　玲子　歌

へ「あなた」と呼べば
「あなた」と答える
山のこだまの　嬉《うれ》しさよ
「あなた」「なんだい」
空は青空　二人は若い

日活提携第一回作品『裏町交響楽』の記念撮影

映画とかみ合わせれば、たしかにレコードは売れた。いろいろと楽しみの多い現在と違って、娯楽の少なかった戦前映画の威力は大したものだった。

私と四十曲ちかいコンビを組んだ、当時の日活監督渡辺邦男さんの便りに「昭和十年、私の映画『裏街の交響楽』でのタイアップいらい古賀さんとは二十八年の交友です。当時私は借金が多かった。それを知ってか、あなたは私のポケットに二百円をねじこんで、『坊ちゃんに洋服でも……』。子供服なら四十着はかえる大金だ。当時の日活根岸部長に相談すると、『ワシのところまで相談しにくる奴がいるか。ありがとうでいいんだ』といわれ、その大金をそっくり故郷の父へ持っていって、父の涙をみました。あなたに初めて打明けることです。『緑の地平線』『人生の並木路』『愛の小窓』『銀座の柳』『あなたと呼べば』『新妻鏡』など、自分の映画は忘れても、あなたのメロディーは、いまでも完全に覚えています」とあった。

また、ある日久方ぶりに歌手のディック・ミネ君と会ったら、「古賀さん、あなたには感謝してますよ。けっこう〝懐しのメロディー〟で忙しくてね」といっていた。ミネ君の若いころ歌った『二人は若い』『人生の並木路』などを聞いて育った人たちが、重役や社長になりお座敷がかかるのだという。

ところで、このコンビナート作戦は、私には大へんな重荷であった。映画音楽の作曲は数がずいぶん多い。封切に間にあわせるため一日に十曲もつくることがあった。もっとも短かいブ

日活映画『からくりオペラ』製作打合会。後列左から二人目が若き日のマキノ光雄氏。右から四人目が著者。

リッジなども含めてのことだが、登場人物の心理をつたえる音楽もあって、それなりの苦心がいるものだった。

緑の地平線

佐藤惣之助　作詞
古賀　政男　作曲
楠木　繁夫　歌

〽なぜか忘れぬ　人ゆえに
なみだかくして　踊る夜は
ぬれしひとみに　すすり泣く
リラの花さえ　なつかしや

わざと気強く　ふりすてて
無理に注《っ》がして　飲む酒も
霧のみやこの　夜は更けて
夢もはかなく　散りて行く

人生の並木路

佐藤惣之助　作詞
古賀　政男　作曲
ディック・ミネ　歌

〽泣くないもとよ　いもとよ泣くな
泣けばおさない　二人して
故郷《こきょう》をすてた　かいがない

遠いさびしい　日ぐれの路《みち》で
泣いてしかった　兄さんの
なみだの声を　わすれたか

徹夜の録音が終って、やれやれと思ったとたん、技師が録音室から顔を出して、「どうもおかしい、何も入ってないんだ」などといい出すこともあった。不完全な初期のマイクでは、このような馬鹿気た事故も決して珍らしいことではなかった。これを聞かされると、とたんに徹夜の疲れがどっと出てきて、その場にへたり込んでしまいそうになったものである。

その頃入社して、間もなくテイチクのドル箱になった人に美ち奴さんがいる。ニットーレコードという小さな会社に埋もれていた宝石だったのを引っぱってきて、すぐに吹き込ませた。『あゝ恋無情』『ほんに貴方は罪な方』『北満警備の歌』『曠野に咲く花』などがヒットして、たちまちスターにのしあがった。つづいて、同十一年早々には、『酒の中から』『啄木の歌』『春まだ浅く』などという曲を書きまくったが、私も油が乗り切っていたときだけに少しも疲れを感じなかったものである。

東京ラプソディ時代

『東京ラプソディ』

門田ゆたか　作詞
古賀　政男　作曲
藤山　一郎　歌

〽花咲き　花散る宵《よい》も
銀座の　柳の下で
待つは君一人　君一人

逢えば行く　ティールーム
楽し都　恋の都
夢のパラダイスよ　花の東京＊

うつつに　夢見る君の
神田は　想い出の街《まち》
今もこの胸に　この胸に
ニコライの　鐘《かね》も鳴る
（＊印くりかえす）

明けても暮れてもうたう
ジャズの浅草　ゆけば
恋の踊り子　踊り子の
ほくろさえ　忘られぬ
（＊印くりかえす）

昭和十一年の春、私は耳よりなニュースをキャッチした。藤山一郎君のビクターとの契約が切れるというのであった。私は藤山君と組めば、他社を完全に圧倒できるという自信があったので、なんとしてでも我が社に引っぱって来ようと決意した。

さっそく南口さんを囲んで作戦会議を開いたところ、「どんな条件でもいいから実現してほしい」ということであった。そこで、私は日本のレコード会社としては、はじめてのトレード・マネーを支払うことにした。外国の会社の方式を採用したのである。こうして、藤山君がビクターと再契約される直前に踏み込んでスカウトに成功した。このことは新聞にも大きく報道されたので宣伝の役割にもなった。ここで私がつぎにかく作品も注目されはじめていた。

藤山君に来て貰って、私は新しい意慾が身のうちに湧き起こってくるのを感じた。スカウト問題が話題となっているうちに、どうしても新曲を出さなければならない。昭和十一年といえば、戦前の平和産業がピークに達したときで、昭和初頭の不況はすっかりかげをひそめて、新しく中間層が出現し、社会のチャンピオンの地位を誇っていた。藤山君のムードはこの人々にぴったりするので、私は都会風に洗練された軽快なメロディーを書こうと思った。

その頃、ジョージ・ラフト主演のアメリカ映画を見たことがあった。テーマ曲がモダンでテンポも軽快でひどく私を刺激した。そのような曲を書いてみたいと思っていたのである。またその頃の私には、中山晋平先生の『東京行進曲』が一つの目標になっていた。神田、新宿などの盛場で、全部ソツなく歌われているのは心憎いばかりだと思っていたのであった。

そこで、結局中山先生よりももう一つモダンな東京を書いてみようと志した私は、曲名を『東京ラプソディ』とすることに決め、新車のフォードに乗って神宮外苑に行ってみた。そのころの外苑は、造型的で東京のなかでも最もモダンなムードをもっていた。外苑のなかをぐるぐる廻っているうちに、一つのメロディーが口にのぼってきた。これならいけるという自信がもてたので、すぐさま作曲に取りかかり容易にできあがった。私は当時から仕事は書斎か自動車のなかですることにしていた。自動車だけはゼイタクしているのはそのためである。

曲が先にできたので、歌詞は、当時新進として注目されていた門田ゆたか君にお願いした。門田君も時間がなく急ぐ仕事だったので七転八倒の苦心をされたようであった。門田君の尽力により六月には吹込にこぎつけ、七月の新譜として発売された。結果は上々で、私の意気込んだようにたちまち全国に広がってテイチクは黄金時代を迎えた。このヒットで会社は私に九百円のボーナスをくれた。この時、死んだ母のためにと仏壇を買い求め、生前、ついに東京へ呼ぶことができなかったことのせめてもの罪ほろぼしと考えたからであった。

藤山君とのコンビで、その後『男の純情』『青い背広で』『さらば青春』などを出してベストセラーを維持し続けた。楠木君は『女の階級』『慈悲心鳥』担当。ディック・ミネ君も『人生の並木路』をというぐあいで好調だったし、美ち奴さんは『あゝ、それなのに』で爆発的なブームに乗った。

男の純情

佐藤惣之助　作詞
古賀　政男　作曲
藤山　一郎　歌

〽男いのちの　純情は
燃えて輝く　金の星
夜の都の　大空に
くもる涙を　誰が知ろ

影はやくざに　やつれても
きいてくれるな　この胸を
所詮《しょせん》男の　行く道は
なんで女が　知るものか

その頃、私の周囲には、藤山一郎、楠木繁夫、ディック・ミネ、美ち奴四君のほかに、杉狂

青い背広で

佐藤惣之助　作詞
古賀　政男　作曲
藤山　一郎　歌

〽青い背広で　こころも軽く
街へあの娘と
行こうじゃないか
紅い椿で　ひとみも濡れる
若いぼくらの　生命《いのち》の春よ

お茶を飲んでも　ニュースを見ても
純なあの娘は
フランス人形
夢を見るよな　泣きたいような
長いまつ毛の　可愛い乙女

ああそれなのに

星野貞志　作詞
古賀政男　作曲
美ち奴　歌

〽空にゃ今日も　アドバルーン
さぞかし会社で　今ごろは
おいそがしいと　思うたに
ああそれなのに　それなのに
ねえ　怒《おこ》るのは　怒るのは
あたりまえでしょう

児、杵淵一郎、有島通男、木村肇、小林重四郎、江川宇礼雄、松島詩子、川畑文子、中川まり子君等の豊富なスターたちがいて私を助けてくれた。そして、資本金三十万円だったテイチクは、資本金二百万円の大会社に発展したのであった。しかし、この頃が戦前のテイチクとしても、また歌謡曲界としてもピークであった。東京ラプソディは、はからずも平和への最後の讃歌となったのである。

昭和十二年七月七日、蘆溝橋の夜空にこだました一発の銃声は日本の進路を大きく狂わせたが、同時に歌謡曲界にも大きな影響をあたえずにはおかなかった。国民精神総動員運動が政府の指導のもとに展開されて、レコード界にもいろいろな制限が加わってきた。まず、ユーモア、恋愛、感傷をテーマにしたものは発売禁止するというのであった。これは私のこれまでの歌は全部ダメだということに等しい。

そして戦争、軍国調ものを出せという指示を受けた。じょうだんではない。そんな歌を大衆が歌うものかと思ったが仕方がなかった。仕事であるから『軍国の母』などをつくってみたが、やはりパッとしなかった。この制限のワクをどうしてこえるか、私は難しい壁にぶつかってしまった。

テイチク発展のかげに

私がテイチクと契約を結んだのは、南口さんが、ただの商売人ではないとにらんだからであることはすでにふれたとおりであるが、同時に、南口さんの人柄にもある種の危惧を感じていたことも事実である。うっかりしていると、骨のずいまでしゃぶられることになりはしないかという不安である。芸能界に生きる人間は自然に自衛本能が発達する。事実、それほど残酷

昭和十二年頃の第一線作曲家が一堂に会した珍しい写真。皆邦楽で何かを唄うとい趣向で集まった。亡くなった弘田竜太郎先生をはじめ，中山晋平，小松耕輔，本居長(名不詳)，堀内敬三諸氏の顔がみえる。

な社会なのだ。

私は南口さんとタイ・アップするとき、奈良工場に腹心を配置しておいた。レコードの出荷枚数をチェックしておきかたったからであった。枚数を確認しておかないと、売れ行き不振を口実に待遇の切下げなどの不当な処遇を受ける危険性があるので、その対抗策であった。しかし敵もさるものであった。私の腹心を逆に買収してしまって、私は間もなく出荷枚数を確認することができなくなってしまった。やはり、商売に関しては役者が一枚も二枚も上であった。

私がテイチクで成功したのは、私が重役とディレクターと作曲家を兼務するといった自由な立場にあったのがよかったのだと思っている。南口さんは、この点では、剛腹な性格の持主であった。ただ、南口さんには、そうせざるを得ない面もあったのだ。

なぜなら、タレントや歌謡曲にたいする知識が浅かったのである。

南口さんは私に、あのムネ君がムネ君がなどと話をすることがあった。私ははじめのうちは一たい誰のことだろうと不審に思っていた。ある時よく聞いて見ると、それはディック・ミネのことであることがわかった。自分のところの人気歌手の名前ぐらい覚えておくものだ。外で恥をかくこともある。私は親切心から何度かいうのだが、つぎに会ったときにはやはりムネ君を連発する。南口さんは私に「ムネでもミネでも、あまりかわりないがな」と涼しい顔でいうのだった。歌手は自分の名前を出すためにどんな思いをしているのか、この人にはわからないではないのかと思った。人気稼業の者にとって名前は生命のつぎに大事なものである。たった一行の名前のために、友人ともケンカ別れすることだってある。またあるときは、どんな屈辱に耐えても通さねばならないことだってある。その芸名をどちらでもいいと放言するようでは、レコード会社の社長はそれだけでも失格である。つまりテイチクもやはり限界ではないか私は不安になったのである。

しかし、人物としてはたしかに魅力のある存在だった。『大番』の主人公ギューちゃんや、『あひる飛びなさい』の主人公に一脈通じる面白さがあった。天衣無縫といったところがあってエチケットなどはまるで無視していた。ツバを吐きたくなると、電車のなかだろうが一流ホテルの廊下であろうが一向意に介しないで、私もハラハラさせられたものである。また、談笑も傍若無人のところがあった。やはり、一代で事業を築く人物ではあった。しかし、レコード産業界も、もうその頃は、あらゆる意味で近代化が必要とされはじめていた。南口さんが果してそのテンポについて行けるかどうかは疑問があり、私はテイチクと別れる日もそう遠い日でないことは感じはじめていたのであった。

私は昭和十二年の春、いま住んでいる代々木上原の自宅新築にとりかかった。上原は私が駆け出し時代住んでいたところで、ここで作曲業を売出したという思い出もあり、縁起もいい土地なので、かねてから永住したいと念願していたのである。敷地を物色していると、赤松林の理想的な台地が見つかったが、資産家の地主は「手放す気など毛頭ない」と剣もほろろな返事であった。そこを熱心に通いつめてようやく口説き落したものだった。

私はそのとき二十万円もっていた。そこで知り合いの清水組（清水建設）の社長さんに、それを全部お渡しして「これ以上は一銭もありません。この範囲でなんとかやっていただきたい」と建築をお願いした。それでも、煖炉の石はわざわざメキシコから取りよせてくださったり入念な行き届いた仕事をして下さった。それだけに一年以上も日数がかかって、完成したのは翌年の五月のことであった。

「私の人生劇場」

昭和十一年、テイチクは黄金時代を迎えるとともに、企業としてもいろいろな弊害が目立ちはじめた。私は当時三十三歳であったが、すでに専務の地位にあったので、この弊害をなんとかして正そうと努力した。管理者の私にとって、痛憤を禁じ得なかったのはディレクターたちの堕落ぶりであった。当時はテイチクからレコードが一枚出れば、流行歌手としての地位が定まるといわれていた。そこで若いディレクターの身辺には、絶えずいろいろな誘惑が渦まくことになった。現金やいろいろな贈物のプレゼント作戦をはじめ、体まで投げ出そうという特攻的な女性まで現われる始末であったので、若いディレクターのなかには、それがあたかも自分の実力であると錯覚して、甘い生活を得意になって送っているという有様であった。

私には、新人のテストをすれば、どんないきさつでディレクターが起用したかをすぐ看破できた。そのようなイージーなことを許せば、すぐに会社の成績に影響するため厳重にチェックした。そして歌手たちとの私的な交際は厳重に禁止するという規定を出した。もし金が必要な場合は遠慮せずに申出るようにいったが、この弊風はなかなか改まらなかった。腐敗の根は意外に深かったのである。

私は強硬策をとることを南口さんに進言するのであるが、社長は面倒くさいことは嫌いとばかり、私の提案を柳に風と受け流した。また、そういう雰囲気をいち早く察した他の重役たちも結束して、私のボイコットを策動したりする。私が入社した頃は南口さんはじめ他の重役たちも私の顔る見る度に、「まるで、ハキダメに鶴が降りたようなものだ」とか、あるいは、「先生がおやめになるときは、うちの煙突の煙が消えるときです。先生はわが社の仁徳天皇です」などと大仰な追従をいって私を面喰わせたほどであった。ところが、一旦社の基礎が固まると古い重役たちは、私がだんだん煙たい存在になってきた。私の提案にたいしては、なにかというと結束して反対に廻るという雰囲気であった。そこへ、たまたま私が社紀粛正問題を持ち出したものだから、重役の一部にはかげに廻って、逆に若いディレクターたちを煽動したりするものも現われる始末であった。

私はテイチクとももはやこれまでだと思った。〃やると思えば、どこまでやるさ〃の通りひそかに決意を固めた。新しい道をとるべく、かつてテイチクに共に乗り込んだ同志たちにはかった。ところが、同志たちの態度はどうも曖昧であった。

私にはその頃一つの夢があった。代々木上原に三千坪という広大な宅地を買い込んだのは、その夢を実現するための含みもあった。つまりこの宅地に同志たちの家を建てて古賀村をつくり、一生行をともにしようと考えていたが、私の考えとは一致しなかった。その同志たちにとって私の昇進ぶりが嫉視の的となっていたのである。なかには古い重役と手を組んで、私のボイコットを策動していた者もいるほどであった。私は〝ブルタースよ、お前もか〟という悲劇を味わったのであった。〝義理がすたればこの世は闇さ〟というのは、その当時の偽りない感懐であった。

その頃尾崎士郎さんの『人生劇場』がベスト・セラーであり、日活が映画化することになった。瓢吉は山本礼三郎君であった。私がテイチク最後の仕事として映画音楽を担当した。佐藤さんから歌詞をいただいたとき、当時私の感慨と全く符合していたので、メロディーはたちまち

人生劇場

佐藤惣之助　作詞
古賀　政男　作曲
楠木　繁夫　歌

〽やるとおもえば　どこまでやるさ
それが男の　魂《たましい》じゃないか
義理《ぎり》がすたれば　この世は闇だ
なまじとめるな　夜の雨

あんな女に　未練《みれん》はないが
なぜかなみだが　ながれてならぬ
男ごころは　男でなけりゃ
わかるものかと　あきらめた

時世時節《ときよじせつ》は　かわろとままよ
吉良《きら》の仁吉《にきち》は　男じゃないか
おれも生きたや　仁吉のように
義理と人情の　この世界

できあがった。レコードは楠木繁夫君が歌ったが、これは大ヒットであった。吹込が終ったとき、私はテイチク退社の決意を発表した。これを聞いた私の支持者やバンドマンたちが集まってきて「それじゃ、お別れに飲みあかそう」と、一夜を飲みあかし、最後にこの歌を合唱して別れたのだった。

その後は、この歌を聞くごとに自分の青春をいとほしむような気持になる。あの頃の私は正義感を尊び直情径行型の人間であった。情熱をもってテイチクを育てながら自ら身を退かねばならなかった。商売であるからには多少のことは眼をつぶらなければならないだろうし、また組織を管理するには、それぞれの人間の立場を尊重し、これを温かく見守ってやるだけの度量が欠けていたのかも知れない。

そのほかテイチクを辞めた理由は、当時は戦時色も濃くなって歌謡曲もかなり制限が強くなっていた。そこで、私もしばらく遊んで転機を摑もうと考えていた。そこへ、またとない話がもたらされてきたのである。

アメリカ親善旅行

音楽親善使節に出発

その頃のフインランド公使に市川さんという方がおられた。ある日パーテイがあったとき市川さんから声をかけられた。「あたなが古賀さんですか。実は私がヘルシンキのレストランへ行くと、必ず『酒は涙か』を演奏してくれて、その度に望郷の念に駆られたものです」と、いかにも懐しそうに話して下さったことがあった。

音楽親善使節に出発

外務省派遣米国音楽使節に出発する駅頭風景。藤原義江さんがわざわざ送って下さって「南米一巡」をすすめてくれた。

その時はそれでお別れしたのであるが、テイチクを退社して一ヶ月もたった頃、市川さんを介して外務省から「アメリカに音楽親善使節として行かないか」という話があった。この話には二つの背景があった。その一つは私のメロディーが海外で歌われはじめたことであった。パリのムーランルージュの楽団が、『酒は涙か』を編曲して演奏していたのをはじめとして、アメリカでもビンセット・ロベッツが編曲して、有名なオペラ・シンガーのグレス・ムーアや人気歌手のリリー・ポンスなどによって唄われていた。それが当時の東京日日新聞に大きく報道され、国内で話題になったといういきさつがあった。もう一つの背景は、国際情勢に関連していた。日中戦争の処理をめぐって、当時日米間の利害の対立は日に日に深まっていったが、その頃の内閣改造で外相として入閣した宇垣一成大将は、日中事変を早期解決し、米英との間の協調を回復しようとしていた。こんなところからアメリカへ音楽使節の派遣が企画されたものらしく、私の歌がアメリカで唄われているというところから白羽の矢が立ったのであった。

外務省の条件は、私に月額二千円を支給するというものだったが、物価が安いときでも、これだけの経費ではアメリカに一ケ月滞在することは難しかった。まして、私だけでなく秘書の清水柾男君を連れていくことにしていたので完全に赤字である。しかし多少の持ち出しはあっても、この際渡米することは大きなプラスになると考えた。そこでこの話をお受けして、昭和十三年十一月竜田丸で横浜を出発したのであった。

外務省の話では、アメリカ駐在各公館をあげて便宜を提供するという話であった。渡米してみると各地の領事館、大公使館は、いたれり尽せりのサービスぶりであらゆる便宜をはかって下さった。そのことはいまでも感謝しているほどである。竜田丸の旅は、全く素晴らしいものであった。その頃の太平洋航路の女王といわれただけあって、内部の調度も日本の一流ホテルをはるかに上廻る豪華さであった。

当時はハワイまで八日もかかった。南下するにしたがって、海の色が蒼さをましてくるし、空の色も明るくなってくる。そして十一月だというのに、日に日に暑くなってくるのがわかった。「これが熱帯の空気というものか」と感慨にふけったものである。いまでこそ、太平洋の楽園とか、世界的な観光地となっているハワイであるが、三十年前はまだ太平洋上の孤島というにふさわしいようであった。道路も現在のようなハイウエイが整備されているわけでもなく、自動車を走らせると濛々と砂ぼこりが立った。それだけに現在では味わえぬ自然の美しさがあったように思う。とにかく、色彩の豊かな花が島全体にこぼれるほど咲いていて、カレイド・スコープ（万華鏡）のなかを覗いた時のような印象であった。

この船は太平洋戦争になってから海軍に徴用され、やがて戦争の犠牲となったことが惜しまれてならない。

ハワイの思い出

ハワイに到着してみると迎えの人々が出ていた。休息の暇もなくすぐ放送局に引っぱってゆかれた。そして自分のギターで『酒は涙か』を独唱させられ、余りの突然さに緊張したことを覚えている。
その夜はハワイ・タイムズの招待があり、春潮楼という日本料理屋で盛大な歓迎パーテイが開かれた。私としては、ハワイに来たからにはハワイの料理をいただくほうが有難かったが、招待者側では気をつかってくれたのであろう。わざわざ日本料理店を選んでくれたのだった。歓迎宴の席上、聞かされた歌のなかに『ホレホレ節』というのがあった。ホレホレというのは現地の言葉で「労働」という意味なのだそうだ。

〽行こうかメリケン
　帰ろうかジャパン
　　ここが思案のハワイ島……

ハワイに日本人が渡った歴史は古く、移民というよりは出稼ぎという形で最初は渡ったものらしい。その人々の異郷での悲痛な呻き声というか溜息というか、そういうものがこちらに生々しく伝わってくるような歌であった。未開の島であったハワイ。それを今日のように発展させた日本人の蔭の力と努力は大変なものだったろうと思わずにはおられない。ハワイを辞して再び乗船してみると、ハワイが花の島であることがつくづくと感じられた。陸上では慣れてしまっていたのだが、船上に潮風の運んでくる甘酸っぱく強烈な花の香りが暫くの間漂っていた。
ハワイから七日間の航程でロスアンゼルスに着いた。ロスアンゼルス滞在中は、ホテル住いをさけて弟の知人のところでずっと厄介になった。ロス市の奥にパサディナという別荘地があるが、そこには元チューインガム会社社長の持家だった豪壮な邸宅があり、この頃は弟の友人が住んでいた。私はさっそくポンテアックを買って、同行の清水君に運転させた。その後はダウン・タウンに下りてきて、二世の人々と交際した。

ここでの二世たちの活躍分野は当時でも非常に広かった。彼等は夕方六時をすぎると、日本人レストランに集まってきて、コーヒーを飲みながら雑談にふけるのが一日のうち最も楽しい時間のようであった。私もその仲間入りをして日本の話をすると、彼等は私の話にくい入るようにして耳を傾けていた。そのなかに電気器具店を経営する若いカップルがいて「先生、これ

ロスアンゼルス滞在中アマチュア楽団を編成した。公演会で二世行進曲を発表し一、二世たちから喜ばれ、ミス二世たちから記念品を贈られた。

だけの仲間が、先生を慕って集まっているのだし、みな楽器の好きな連中なのだから、オーケストラはできないでしょうか」と相談をもちかけてきた。私も賛成だったので希望者をつのったところ、すぐに十五、六人も名乗り出た。しかし、みなシロウトであるから、すぐに何でも演奏するわけにはいかない。そこで、三ヶ月間練習したところなんとかアンサンブルができるようになった。その頃、ロスの日本人街に倉庫を改造した『大和ホール』という集会所があった。ちょうど西部劇に出てくる田舎町のサロンといった建物であった。そこで、インスタント・オーケストラの第一回演奏会を開くことになり、二日間興業したところなんと三千ドルもの収益があった。私たちは相談の結果、その全額を『二世連盟』に寄附して大変喜ばれた。

アメリカ大陸横断

こんな日々を送っているうちに、またたく間に半年がすぎてしまった。そこで私たちは、昭和十四年五月の初め、ニューヨークまでの大陸横断自動車旅行を試みることにした。運転は清水君である。ベッドでも入りそうな大きなトランクを二つ準備して、必要品の一切を積みこんで勇躍出発したが、二人ともアメリカといえばロスしか知らないのだから、ちょっとした冒険旅行であった。ただ一つ頼りになるのは、ガソリン・スタンドでサービスにくれる地図であったが、これがなかなか正確にできているので大変に助かった。とにかく毎朝六時にホテルを出発夕方の五時頃宿泊予定地に着くという、弥次喜多道中であった。

その頃、アメリカではすでにヒッチハイクが大流行していた。若くて美しい女性がハイヒール姿に小さなトランクを提げてテクテク歩いてるのを見て、私たちはその度胸にすっかり感服してしまった。ロスを出発するとき親切な人が忠告してくれた。「乗せてくれという男なんかの頼みをうかうか聞いてはいけない。そういうのは大ていギャングで、裸にされて車から放り出される」と実例までひいて注意してくれた。私はおっかなびっくりだったので、アメリカの若い女性のヒッチになおさら舌をまいた。

アメリカ大陸横断旅行中テキサス州境で写す。

たまたま、途中でヒッチハイクの女性に手をあげられても、私たちは、何もわからぬふりをして一切敬遠した。美人局なんていう手にひっかかるのを用心したためでもあるが、もう一つは、出発まえ、ロスの下町でメキシコの占い婆さんからいわれたことが、心の片隅に妙に残っていたからである。

婆さんは、いとも自信に満ちた表情で「あんたには、自動車事故に会う相が出ている。用心しなされや」と私にいったのだ。そんな危険がかりそめにもあるとしたなら、『六根清浄』で行くにかぎる、と固く心に誓っていたからであった。

米大陸を横断するには、途中有名なデス・バレーを通過しなければならない、ここはご承知のように炎暑地獄の沙漠で、死の谷という名のように途中何度も人か馬かの白骨が転がっているのが見受けられた。風砂に曝らされた不気味な白さだった。ラスベガスも通過したが、三十年まえのここは、今日のようなギャンブルと離婚のメッカとはとても考えられなかった。例のガチャンコが、五台ぐらい軒並みにおいてあるのが他の都会とは変った点であったが、ところどころにカウボーイが屯ろしている程度で、人影もいたってまばらであった。

傑作なできごともあった。ある日、日もとっぷりと暮れてから小さな街に滑りこんだ。街中にいろいろな色の裸電球が輝いていて、ちょっとお祭のような感じであった。私たちはとあるホテルにつき、もう時間もおそいので、ガレージの横のベッドにすぐもぐり込んで寝てしまった。さて、あくる日起きた私たちは、まるで狐につままれたように驚いた。昨夜かなりの町だと思ったのは全くの幻想にすぎず、ホテルが一軒だけ砂漠のなかに建っているのだった。私たちを欺いたイルミネーションは、実はホテルを中心に原っぱに張りめぐらされた飾りにすぎなかったのだ。そのホテルの食堂で朝飯を食べていたところ、雲つくような大男が立ちはだかって

「おまえたち、ニューヨークへ行くなら、オレも乗せていけ」という。これこそホールドアップに間違いないと思ったので、必死になって断り続け、何とか退散させることに成功し、二人ともホッと安堵の胸をなで下した。

しかし楽しい道づれもあった。途中オープンカーに乗った若いカップルが追いかけてきて、ニコニコしながらしきりにこちらに手を振っている。近ずいてきて「オレたちもニューヨークへ行くのだから、一緒に行こう」と話しかけてきた。このカップルなら危険はないだろうと安心し、しばらくは抜きつ抜かれつの愉快な旅を続けた。しかし途中でなんということなしに別れてしまった。

アメリカ大陸はとにかく広大である。途中昼になったので、ランチをとるためある町で

米国音楽使節で親善旅行中のレコーディング風景。

レストラスに入ったが、食事どきだというのにガランとあいている。この町の連中は昼飯をとらない習慣なのか、と思ってレストランの時計をみると午後四時を指していた。東部に向かうにしたがって時差が生じるわけで、私たちの時計は四時間もズレていたのである。日本ではちょっと想像もできない体験であり、改めてアメリカという国の広さを思った。

また、途中大平原をフルスピードで飛ばしているとき、こんな経験をしたこともあった。平原を見渡しても人影は全くない。ところが、はるかに遠くの丘がゆるやかに揺れ動いている。まさかと思って眼を見はるのだが錯覚ではなかった。眼を凝らしてよく見ると、それはなんとローハイドよろしく牛の大群が移動しているのであった。またあるときには、牛の大群がハイウエイを横断するのに出合ったこともあった。こんなときには、牛が通り過ぎるのを一時間以上も車をとめて待たねばならないのである。また、何万羽という家鴨が同様にハイウエイを横断しようというところに出合ったこともあった。このときもずいぶん待たされたが、もう大丈夫だと車を出したところ轢き殺してしまい後悔したものだ。

やがて大平原を横断する最大の難所、ロッキード山脈にさしかかる。年中雪が消えることがなく、気温が急に下がって車中でふるえどうしだった。この山地を下るとソルトレーク・シテイ。ここには有名なモルモン教の本山がある。この宗派は結婚の形態で、アメリカのキリスト教の本流であるプロテスタントとは、真こうから対立する性格をもっているが、それでも共存しているところがいかにもアメリカらしいところである。アメリカ大陸横断旅行はすべてが珍らしく、雄大でしかも変化に富んでいてまったく楽しい思い出であるが、それでも不愉快な記憶も残っている。ニューヨーク近くのある小さい町のレストランに入ったところ、気取ったウェートレスが、「ユウはチャイニーズか」といきなり聞く。「いや、ジャパニーズだ」と答えると、いかにも馬鹿にしたような表情で「フン」と鼻先であしらうようにいう。こちらも血の気の多い頃だから大いに憤激した。

ニューヨークに近ずくと林立する高層ビル群が遠望できる。幾何学的な人工美に感嘆したものである。街の入口はハドソン河の河底を潜るハイウエイである。潜り抜けるといきなり繁華街に出たが、どちらへ行ったものかまるで見当もつかない。車をとめてうろうろしていたところ、交通巡査が笛を鳴らしながら近ずいてきて「君たちの車には、ハリウッドのマークがついているが、一たい、どこへ行こうというのか」と尋ねる。「日本領事館へ行きたい」というと、「それじゃ僕が案内してやろう」と気軽に両側についているステップに飛びのって案内してくれた。当時の日本の警察官は「オイ、コラ」という代名詞で呼ばれていたほどだから、この親切には、すっかり面くらうやら感激するやらであった。

領事館につくと館員たちが私たちをとりまいて、口々に冒険旅行にたいする讃辞を浴びせかけるのでいささか照れてしまった。さっそく、メイフラワー・ホテルに部屋をとってくれた。

ホテル兼アパートという方式で、二部屋にバス・トイレ付きというデラックス型であった。私はその頃開かれていた世界博覧会を毎日見物に出かけた。

十五万ドルの放送

ニューヨーク滞在中すぐに親しくなったのは、カーネギー・ホールでダンスの教師をしていた新村英一さんであった。この人は当時、国際的には伊藤道郎さんより高名で、ブロードウェィの芸人たちにも弟子が多勢いた。どういうものか奥さんが二人いて両者とも紹介していただいた。アメリカ人とドイツ人なのだが、ドイツ人のほうがすばらしい美人であった。新村さんはニューヨークの芸能界にくわしくその後いろいろな楽屋話をうかがった。そうしているうちに、ニューヨークにも慣れて地下鉄でひとり歩きできるように

在来中ＮＢＣのスタジオで放送
著者の曲はこの放送局を通じて
全世界に放送された。

なった。下手に自動車で出あるくと動きがとれなくなる町なので、地下鉄のほうが都合がよかった。

私が渡米するとき、ドクター・プラーゲからアメリカ作曲家協会長あての紹介状をもらっていた。プラーゲ博士は、その頃の日本では悪評の高い人物で、プラーゲ旋風というようなタイトルで、新聞でもたえず話題になっていた人物であった。とくに著作権問題の権威で、アメリカの作曲家の著作権料を集めるために日本に派遣されていたのである。なかなかの敏腕の持主で、日本人からどしどし著作権料をとり立てた。そのころ日本では著作権問題が一般にもよく理解されていない頃であったから、博士の当然の行為が、日本人の眼にはあたかも強欲非道のように映っていたのであろう。

ある日紹介状を出して協会長に会うことができた。七十歳ぐらいの好々爺であった。早速NBCのチーフ・ディレクターのブラック博士に紹介状を書いてくれた。ありがたくこれを受けブラック氏に面会を申込むと、「音楽をもって来い」という返事だった。そこでユニオンのメンバーを五人雇って私の曲をアレンジして練習してみた。『酒は涙か』『男の純情』『丘を越えて』『緑の月』などである。練習ができあがったところで、バンドを連れて行ってみると、秘書の室が二つもあって、ここで面接があり二つの関門をパスしなければブラック博士に面会できぬ、という厳重な仕組みになっていた。予想以上の実力者なのに驚かされた。あとで知ったことであるが、トスカニーニとならぶ存在だったのだ。

通訳は日本文化協会で引き受けてくれたのだが、室へ案内されると大きなデスクにデンとすわり、入ってくる私たちを眼鏡越しにじろりとにらみつけられた。なんとも尊大な印象でいやな予感がした。同時に「私はこんなオヤジに日本の歌謡曲なんかわかりっこない」と後悔が頭をもたげはじめた。それにバンドの連中が急に尻込みしはじめ「あんな偉い人の前じゃ弾けないから帰る」といいだす始末であった。私は慌てて「それじゃ私がウソをついたことになる。一応、ひいてみてくれ」となだめていると、ブラック氏はやおら口を開いて、「そこで演奏しろ」という。机や椅子を片ずけさせ、棒を握って演奏をはじめたが、曲だけではムードがないと思ったので、無理して私が日本語で唱った。

ブラック氏という人は、「一分間も黙って聞いていない」と関係者から聞いていたので、棒を振りながら表情をみると、まるで無表情なのだった。ところが彼はサッと立ちあがると、かけよってきて私の手を握り、「日本にも、こんな美しい音楽があったのか」といい、いかにも感激した様に、「もっとないか」というので、私が「たくさんある」と答えると、「とにかく、ミスター・コガの曲を、わがＮＢＣでとりあげ世界の電波にのせてあげよう」と約束してくれた。これには、すっかり驚いたが、通訳のほうもさらに大きな驚きようで、「古賀さん、貴方ってずいぶんえらいんですねえ」としきりに追従をいいはじめた。

ブラック氏は「必ずとりあげるが、いまイギリスのエリザベス女王がこられているので、一ケ月ほど待ってほしい。」と固く約束してくれた。その頃「ニューヨークの朝は平岡養一の木琴で明ける」といわれるほど、アメリカではすでに平岡さんは有名な存在であった。まだ新婚早々だったと思うが、私のホテルに来られて「ブラック氏に一回会っただけでNBCにとりあげられ、世界の作曲家の仲間入りするあなたは、幸福な実力者だ」と祝福して下さった。それまで数多く日本の音楽家が彼に会おうとしたが、面会できた人は数少ないということであった。昭和十四年八月三十一日、私の曲がNBCの電波にのり十五分にわたって流れた。「NBCは一分間一万ドルなんですよ。古賀さんは十五万ドルの値打がある」と大使館員や平岡養一さんらもかけつけて喜んでくれた。

その頃、私にはひそかな迷いと悩みがあった。精神主義、権威主義の華やかだった戦前では、歌謡曲はいわゆる『はやり歌』として、学校で歌うことなど厳禁だったし、一般家庭の子女もこれを口ずさむことはタブーという傾向があった。私もデビューのころは自分の芸をつねに考えあぐんでいた。音楽学校で正式に勉強したわけでもないので一層しんけんだった。批評家からも批判され、時として動揺することもあったが、このNBCの放送によって初めて私は悩みから解放された。「やっぱり、これでよかったんだ。まちがってはいなかった」と自信めいたものが湧いてきた。私のメロディーがNBCの電波に乗って世界の空を駆けた日は、私としては歴史的な日であった。

南米への旅

昭和十三年、意を決して南米の旅に廻ることにした。東京を出発するとき、藤原義江氏から「南米は廻って見るべきですよ」と励まされた。私はかねてから南米諸国に、会いたいと願う多くの音楽家がいた。

船出してから途中水補給のため英領バルバドス島に寄港した。ここは黒人ばかりの島であった。さすがにラテン航路だけあって、そのムードが溢れんばかりであった。船にはイタリアとメキシコの混血というエンタテナーの歌手が雇われていて、美しい声でラテン音楽をふんだんに聞かせてくれたし、ブラジル放送に出演するというフロア・ダンサーの夫妻も乗合わせていた。それに加えて歌と踊が人生の目的であるかのような愉快なブラジル青年たちがいて、船旅を退屈させなかった。ブェノスアイレスに到着すると桟橋にはアメリカからのニュースで知った大勢のカメラマンや記者たちが私を待ち構えていた。

ブェノスアイレスでNO1といわれるホテル・アルベルに投宿することになった。このホテルは十八世紀宮殿のような豪華造りで、食堂にはルイ王朝風のシャンデリアが輝いており、十

北米から南米へ向かうブラジル号船上で，著者のために記念パーティが開かれた。南米の人々は音楽民族なのでパーティはたちまちカーニバル様の陽気な集まりとなった。

数人のボーイが威儀を正して立っていて、客にはすぐ椅子を開いて坐らせてくれた。食事の調理も入念をきわめ、注文した料理にたいしてもソース、食塩、香辛料まで詳細にたしかめ、また、料理のつくり方をボーイが一つひとつ説明し、客にたしかめるという方法がとられていた。ホテル・アルベルの私のところへは、日本に好意を抱いている記者たちの訪問が絶えなかった。ジャーナリストが親日的であったのは、わが国移民の人々がみな尊敬されていたからであろう。

南米訪問中は、例のジーラ・ジーラの作曲家ジセポロ、タバコ女工からタンゴ歌手になったアスセーナ・マイサーニなどに会った。マイサーニには自宅に招待を受け大変な歓迎にあずかった。玄関にはご主人から飼犬までが出迎えて下さった。

ラテン系の人々は客ずきで、それに客のもてなし方にも心がこもっていた。食卓上にはステーキのうえに、アルゼンチンの国旗と日本の国旗まで飾るといった入念なものだった。そのほかの方々に招かれて『日本におけるタンゴの現状について』という題で講演させられたりして忙しい日を送った。またホテルには、『さらば草原よ』の作曲家、マリアニート・モレスがフィアンセと一緒に、毎日のように訪ねてくる。『アディオス』の女流作曲家パチェコ・ウエルゴもやって来た。ウエルゴは私の曲を一つ一つピアノで弾いてみては、「こんないい曲はない」といい、モレスなどは「マエストロの歌には、コマソン（魂）がある。私の曲と交換したい」ともいって感激してくれた。ウエルゴが中心になって、私のための、タンゴバンドを主にしたコンサートが開かれた。指揮者はタキシード、歌手はイブニングといった正式の演奏会であった。この時、中にはこの会に出演するため、イブニングをわざわざパリからとりよせる人もいたという話をきいた。このコンサートは、私にたいして、アルゼンチン音楽界あげての歓迎の意を現わすものであった。この訪問旅行中有名な音楽家で会えなかったのは、フランシスコ・カナロだけである。

ここではレコードも吹き込んだ。レコーディングした会社のディレクターたちは、「ミスター・コガの曲には南欧のムードがある。ベリーグッドだ」と盛んにほめてくれたが、その表現が変っている。ベリーグッドは右の耳をつまむ、もっとそれ以上というときには、左の耳を……というわけである。楽しい南米滞在の一ヶ月はアッという間に過ぎてしまった。

戦雲たなびく

昭和十四年九月一日の未明、ポーランド国境沿いにひそかに展開を完了していたナチス・ドイツ機甲師団は、一せいに雪崩をうってポーランド領深く進撃を開始した。三日には対独宥和政策に終始してきた英仏も、ついにナチス・ドイツにたいして宣戦を布告し戦雲は全欧州を覆った。これは全世界の人々にとっても、私個人にとっても長い長い悪夢の日が始まったのであった。音楽使節の役割を終った私は、急きょ帰国しようと決意した。阿部内閣が「複雑怪奇」の言葉を残して、瓦解したことをその後のニュースで聞いた。日本は新しい道を驀進しはじめていたのである。十月に入って私は往路と同じく竜田丸で帰国の途についた。蒼々とうねる太平洋の海には変りはなかったが、わずか一年三ヶ月後の豪華船上には、かつての面影をとどめないまでに大きな変化があった。

私が米国に出発した時には、すでに日中戦争が勃発しており七・七禁令(ぜいたく禁止令)が施行されていた。それに国民精神総動員運動も展開され、国内はすでに戦時色に塗りつぶさ

戦争がはじまって間もない頃。著者は菊田一夫さんとオペレッタを計画したが，いろいろな事情で中止になった。その打合会風景。著者に向っているのが菊田一夫さん。その右が千田是也さん。

れていた。前回は、竜田丸の船上へ一歩足を踏み入れると、まるで信じられないほどに平和で豪華な別世界が展けていた。国際航路の常として、船客は半数近くは外国人であり、一等サロンは、よき時代の社交界のムードがそのまま保存されていた。談笑している人々の顔には、知的な輝きがあったし、エチケットも守られていて、誰の物腰にも奥床しさがあった。

しかし、今度はまるで違っていた。サロンをわが者顔に占領しているのは、豪華な船内にどう見てもふさわしからぬ連中であった。野卑な哄笑、傍若無人な行動、そして服装や趣味さえも、成金臭が漂っていた。軍需成金の海外旅行からの帰国か、あるいは国際情勢の悪化で、海外生活の見切りをつけて、帰国を急ぐ一世の成功組たちの姿であったかも知れなかった。それに自信たっぷりな表情の制服、私服の軍人もかなり目立っていた。それに混って得体の知れない、眼つきの鋭い男たちがときどき風のようにサロンに現われ、沈黙しながら人々の会話に耳を澄ませていた。異様な冷たい光をたたえた眼には、私は何度も肚の底まで冷えるような不気味さを味わった。たしか私服の憲兵、特高課員であったに違いなかった。私は竜田丸船上の激しい変遷に激動する故国を思った。

コロムビア再入社

中南米の旅情と故国日本の現況との対照は、何ともいい知れない複雑なものだった。上陸した私をまず驚かせたのは、私の行先きが無くなっていたことであった。出発前に新築した代々木上原の家は、私が全く知らぬ間に他人の持物になってしまっていた。それは弟の治朗が売り払ってしまったのだった。弟は私に会わせる顔がないというので、逃げ廻っているために会えず、従って事情がわからない。手を尽して調べてみると、私の家を売り払った金を基金に『皇道世界政治研究所』なるものを設立して、右翼の論客たちに貢いでいたというもので全くあいた口がふさがらない程だった。

弟治朗は現在の若い人達から見ると一種の性格破産者であるが、当時はこの種のタイプの青年が割合多かったのではなかっただろうか。弟は柔道六段という腕の持主で弁舌もたち、親分肌、豪傑肌のところがあったから、周辺にはいつも人が集まっていたし、金さえできるとみなにばらまいて怪気焰をあげていた。つまり〝金のない奴あ、俺んとこへ来い〟というわけで、若い弟は取りまきの誰かの煽てにのって、〝えいっ〟とばかり私の家を売ってしまったのだった。

実の弟であり、告訴するわけにもいかないし、これだけ無鉄砲にやられると怒る根気もなくなる。そこで止むを得ずホテル住いをしながら借家を懸命に探した。間もなく渋谷の穏田に大きな家が見つかった。当時では珍らしく中央暖房式で、ボイラーで湯をわかしスチームで各室を温めるようになっていた。そこが気に入って借りたのだが、すぐに燃料が不自由になりかえって寒い思いをしたものである。帰国早々いろいろの事件が起こって、私の人生航路は大きく転進した。

続いてコロムビア復帰問題があった。私がコロムビアを辞めた理由は、会社が外資系であったし、それに首脳部の欧米人にとって、まるでわれわれの存在は便利な現地人ほどにしか映っていなかったのだ。それが不満でありあきたりなかったのだが、その後戦時色が強くなってから彼等は故国に引揚げ、日本人だけだったので比較的居心地よい会社になっていた。それにさきにコロムビアを辞めるにあたって、コロムビアとテイチクの間に協定があり、「もし、古賀がテイチクを退社するようなことがあれば、コロムビアに復籍させる」というような取り決めが行われていたのだった。

その頃の芸能界はきわめて封建的であったが、レコード界もその色彩が強く、私自身の進退が自分の意志よりも外部の力で左右されるといった面があったのである。テイチクを辞めると、それを聞いた時雨音羽さんがさっそく駆けつけて「キングの面倒を見てくれないか」という厚意ある申出をいただいたが、このような事情があったのでご厚意をお受けすることはできなかった。私にとってコロムビア復帰問題は、いずれにせよ避け得ない問題であったから、契約はただ事務上手続きの問題と見ていた。この頃の私は顧問弁護士であった城戸芳彦さん（元最高裁判所判事）に調印問題は一切おまかせしてあったので、城戸さんの処理によってコロムビアに復職した。

私が帰国した頃のテイチクは業績が不振続きであった。機を見るのに敏な南口さんはコロムビアに身売り話を持ちこんだ。コロムビアのほうでもかなり乗り気であった。その結果たしか七十万円でどうかという話が出たように思う。コロムビアの計画ではテイチクを子会社のような形で、私に一切を担当させようということだった。しかし、身売り話がまとまりかけたのは太平洋戦争の直前であったため、コロムビアも計画をご破算にし、結局テイチクの買収は実現せずに終ったのである。

誰か故郷を想わざる

太平洋戦争までに作った曲のなかで、最大のヒット曲となったのは昭和十五年霧島昇君の唱った、『誰か故郷を想わざる』であった。

誰か故郷を想わざる

西条八十　作詞
古賀政男　作曲
霧島　昇　歌

〽花つむ野辺に　日は落ちて
みんなで肩を　組みながら
唄をうたった　帰りみち
おさななじみの　あの友この友
ああ誰か故郷を　想わざる

この曲は発売されたときはあまり出足は良くなかった。大戦前夜のことであり、レコード界、歌謡界も軍国一色に塗りつぶされていた。そんな状況のなかで哀調を帯びた曲を出したことは私も会社も冒険であった。ところが、半年ぐらい経ってから国内よりも一足先に、中国戦線の兵士のなかで圧倒的に歌われ出し、それに従って国内の売れ行きは尻上りにぐんぐんと伸び出し流行していった。それからは帰還した兵士たちの口コミに乗ってか一層拍車がかけられ大ヒット曲となった。このヒットは他社にも刺激をあたえ、季節はずれの『哀調もの時代』を出現した。私はつづいて『なつかしの歌声』を出したが、これもかなりの売れ行きを示した。

映画『熱沙の誓い』で主演した李香蘭時代の山口淑子君と渡辺邦男監督。

第二次大戦中、中国派遣軍の慰問に行って『誰か故郷を想わざる』を歌った渡辺はま子さんが「陸軍中将の畑俊六さんが目の前で涙を流されたので、私も涙声で歌ってしまったわ」と話してくれたことがあった。その涙に私は将軍の人柄を偲んだが、兵士たちが好んで歌うと聞かされたとき、複雑な感懐にとらわれた。この頃戦いはすでに果てしない長期戦の様相を帯びており、第一線にはすでに厭戦感が充満しているのではないかと思った。

新妻鏡

佐藤惣之助 作詞
古賀 政男 作曲
霧島 昇
松原 操 歌

〽ぼくが心の　良人なら
君は心の　花の妻
遠くさびしく　はなれても
泣くな相模の　かもめどり

つづいて『新妻鏡』『目ン無い千鳥』『南の花嫁さん』『建設の歌』を出したが、いずれも、あまり戦意昂揚には直接役に立ちそうもないのであったが、緊張に心を閉ざしつづける国民や弾雨のなかで荒さびがちな兵士たちの心は、こういう歌をせめてもの慰めとしてくれたらとい

映画『熱沙の誓い』ロケーションでの北京の思い出。ミス北京たちにかこまれた著者と長谷川一夫さん。

うねがいを込めて作ったものだった。

軍歌よさらば

そうしているうちに、昭和十六年十二月八日がめぐってきた。アナウンサーが緊迫した調子でしきりに『日米開戦』のスポットを流していた。私の脳裡には、あのたくましいエネルギーの溢れるニューヨークの光景が脳裡に浮かんできた。これは大変なことになるというのが正直な感想であった。そして、ついに沈黙を守るときが来たのだと思った。

いよいよ本格的な戦時体制である。私の友人や知人たちの大半はすでに応召していたし、この開戦はさらに多くの人々を前線に駆り出していった。また自主的に志願して、軍の慰問に前線へ行く人もいたし、軍から要請を受けた人もいたが、ふしぎなことに私にはついに召集の赤紙もこなかったし、戦陣慰問の要請さえなかった。

軍部からにらまれていたとすれば、一連のコミックなラブソングの作曲者としてである。

うちの女房にゃ髭《ひげ》がある

星野貞志　作詞
古賀政男　作曲
杉　狂児
美ち奴　　歌

〽何か言おうと　思っても
女房にゃ何だか　言えまぬ
そこでついつい　うそを言う
(女)「なんですあなた」
(男)「いや別に、僕は、その、あの、
パピプペ　パピプペ
パピプペポ
うちの女房にゃ　髭がある」

『二人は若い』『ああそれなのに』『ほんとにそうなら』『うちの女房にゃ髭がある』などは、戦雲急を告げるころには、『敵性音楽』の烙印を押されみんな発売禁止になってしまった。

その頃、軍人たちは『敵性音楽』という言葉をつくり出し、米英作曲家の作品は、全部国民の耳からシャット・アウトしてしまった。ジャズはもちろんのこと演奏も厳禁されていた。滑稽なことには、フランスがドイツに降伏したため、フランス音楽が『敵性』の適用から解除され、自由主義的な思想傾向がかなり強いものも公然と演奏されていたことである。

とにかく、「古賀政男というやつは、戦意をそこなうような歌ばかり作りやがって……」ということだったらしいが、その私にも、軍隊から二度ほど作曲依頼があった。一つは西条八十作詞『そうだその意気』であったが、この時はコロムビアのスタジオに軍の幹部、会社の重役、部長、詩人、新聞記者がずらりと取り囲んだその中で私はピアノに向かった。聞き終ると監督の軍人が、「軟弱だ。戦意を高めるどころか、なんだか悲しくなるじゃないか」「私は、心を打ちこんで作曲したつもりですが、この詞にはこの曲しか作れません。気に入らなければ、他の人に頼んでください」とまでいった。だが、けっきょくこの曲は採用された。この歌詞は〽なんにもいえず靖国の宮のきざはしひれ伏せば……」という歌である。戦後復員兵士の人びとは、「戦場で、つらいとき、苦しいとき、この歌を口ずさむと、ジーンと胸が痛くなってきましてね。みんな愛唱しましたよ」といってくれた。

二回めは、渡辺邦男監督の「ああ若林中隊長」の映画音楽だった。これは悲惨をきわめたガダルカナル作戦で、若林中隊は隊長以下全員日本の方角に向って正座し、切腹したのだった。これを軍部が、あまり評判のよくない私に作曲を頼んだ理由はこんな事情があった。若林中隊長が私の歌のファンだったからであった。若林中隊長の日記によると、数多くの私の曲の中でもとくに〽喜びあふれる歌声に……という『建設の歌』がいちばん好きだったという。

撮影は、長谷川一夫の主演で伊豆の山中で行った。だがこの映画は、完成と同時に敗戦となってついに公開されなかった。ほかに軍部ではないがNHKの依頼で軍歌を作ったことがあった。

〽丘にはためく、あの日の丸を、仰ぎながめる」(サトウハチロー作詞)という『勝利の日まで』がそうである。だがこの歌でも底に流れる哀愁は消えなかった。この歌を聞いていると、いつまでも勝利の日が来ないような気持になる、という友人さえもいた。

戦争は、たとえ勝ちいくさでも、歴史のもっとも悲惨なドラマであることには変わりないのだから、運動会の応援歌みたいに晴ればれとした軍歌は作れなかった。前線の兵士も、銃後の家族も、心の底では〝きみ死にたもうことなかれ〟に共鳴し〽軍律きびしき中なれど」を愛唱したのである。

いまや軍歌は酒飲みの歌になった。それにつけても二度と大っぴらに軍歌のはやるような世の中がきてはいけないとしみじみ思うのである。

さて、戦争がいよいよ緊迫してくると、とてもレコードどころではなくなってきて、私の収入もあってなきが如しという状態に陥った。そのうえ物資も乏しくなって、東京にも飢えと疲れが目立ちはじめてきた。東京宝塚劇場の楽屋口に、その頃国民食堂というのが出現した。名前は立派だが得体の知れぬ雑炊を売るのであるが、それも長い行列をつくって待たなければならなかった。劇場のほうは、ずっと以前に閉鎖されて軍需工場になっていたはずである。服部時計店(和光)の時計塔が正午を知らせると、長い行列はぞろぞろと動き出す。私が東京ラプソディをつくった頃の銀座の面影は、すでにどこにもなかった。

それから間もなく東京爆撃が始まった。夕方になると警戒警報が必ず発令され、それがやがてけたたましいサイレンとともに空襲警報になる。すると、サーチライトに照らし出されたB29が怪鳥のように夜空に蒼白く浮かび出す。やがて地上から巨大な炎が吹き出して、いつまでも夜空が紅く焦げているのであった。

その頃の東京都民はすっかり戦意を失っていた。翼賛会かどこかが、『ぜいたくは敵だ』という標語を出すと、すぐそれが「ぜいたくは素適だ」という風に替って、ひそかに囁やかれる始末であった。三月の大空襲のあと、私は内弟子の山本丈晴とともに疎開することを決めた。長い時間をかけてやっと汽車の切符を手に入れたとき、それがこの世でかけがえのない宝物のように思えた。もう敗戦の日も近かったのだ。

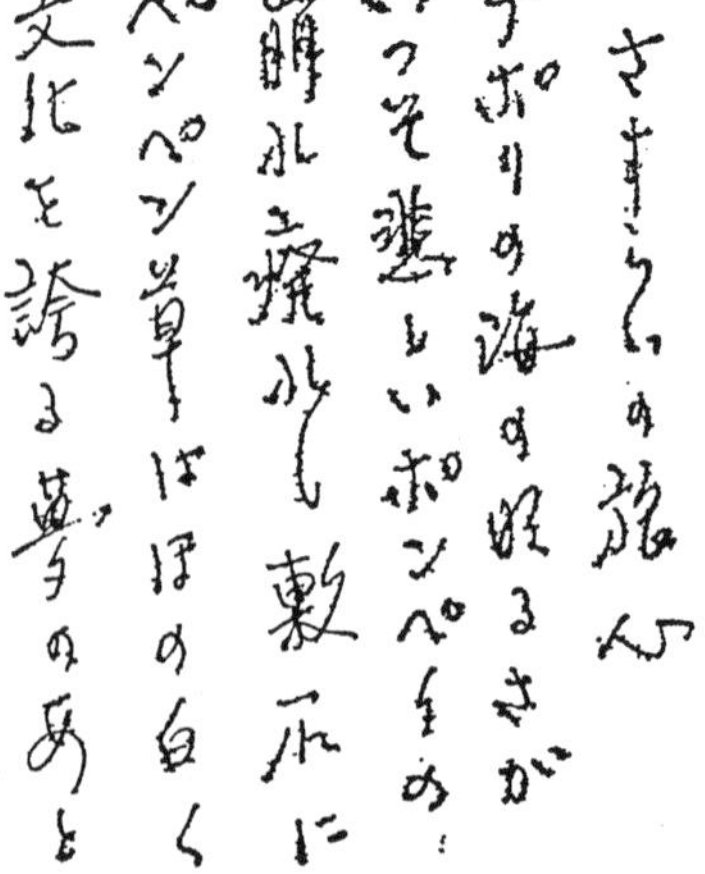

さすらいの旅心
ナポリの海の明るさが
いつぞ悲しいポンペイの
崩れ壊れし敷石に
ペンペン草はほの白く
文化を誇る夢のあと

（歌日記より）

自由の歌声

終　戦

無条件降伏を告げる玉音放送をつたえ聞いたのは、疎開先の山梨県のいなかであった。ここは丈晴の実家であった。

なんの心の準備もなかった全国民を、一瞬のうちに打ちのめすにじゅうぶんのショックだった。村人たちは電撃を受けたように、ただ右往左往し、皆オロオロと涙を流していた。日本人にとって泣き顔を人前にさらすことは大きな恥だったが、この日ばかりは例外であった。丈晴と私もただぼう然と立ちつくし、とめどなくこみ上げてくる涙をこすり上げていた。

終戦とともに、私はこれで自分たちの世代はすべてが終ったのだと思った。私が再び作曲を発表するような時代や、また、すでに発表した歌が、再び唄われる日も決してめぐって来ないのだと覚悟した。故郷に帰って僅かな土地を耕し、暇があればギターを手にする〝晴耕雨唱〟の生活を送ろうと、心にひそかに決めていたのである。

歌謡曲の世界にも、戦争讃美者もいたし、軍部や官憲の鼻息をうかがって「誰々が自由主義者だ」と告げ口し、得意になってかつての仲間の追放に協力した卑劣なオポチュニストもいた。私は戦争にはほとんど協力しなかったが、すべては悪夢であったのだ。あの激しい生きることの困難な時代を、せめてこうして無事に永らえれたことを喜ばねばならないと自分を慰めもした。恐らく日本人のすべてが、私と同じ考えであったに違いないが、決して諦めることのできないのは、戦場から再び帰って来なかった人々のことであろう。弟治朗もその一人であった。

その戦死の情報が届いたのは、それからまもなくであった。

昭和十八年の秋、学徒動員令が下って、学窓から素晴らしい若者たちが続々と死地に駆り出されていた頃のこと、私は大阪で第一線歌手を総動員して、歌の公演をしているところへ電報が届いた。弟に召集令の赤紙がきて、今晩大阪駅を通過するという。かけつけてみると、車中の弟は真青、そのうえ、なま汗さえにじませている。おかしい。この元気者が召集令状でこうも変るのか。私は釈然としないまま懸命に弟を励まして別れた。後でわかったことだが、弟は赤紙を受けると同時に切腹したのだった。敗退を重ねていた当時の戦線に希望を失い、どうせ負け戦ならばいまのうちに……と思いつめてのことであったろう。切腹して死にきれず、腹に包帯を巻いて出かけたのだ。ビルマで戦死したことになっている。

弟の遺骨は異郷にさらされたまま今日なお還って来ないのである。不幸な弟のめい福を祈りながら、私もこれで一生終ればいいのだというのが当時の心境であった。

東京ラプソディのお礼

その後、私たちが疎開していた素朴な田舎にも、飢えと貧困、悪徳と混乱の戦後がやってきた。犬畜生にも劣る激しい人間社会の変りようにただ驚きあきれた。心のささえのすべてを失い、絶望の日日が続いた。今後何をたよりになにを求めて生きていけばいいのだろうか。

終戦のあのとき、これからの身の処し方を決め、心の整理ができたはずであったが、あまりに激しい世相に再び虚脱状態に陥ってしまった。そんなある日のこと、村役場の女子事務員が私の許に血相を変え、息せききって駆けこんできた。「先生、大変です。アメリカ兵が来ました。先生をさがしているんです。いまのうちに早く裏山にでも逃げて下さい。」というのだ。その頃は、米軍がしきりに戦犯を逮捕して巣鴨に収容している頃であった。お嬢さんの説明によると、ジープ二台に乗った米兵が村役場にやって来て、「ミスター・コガはどこにいるか」と村長を摑まえてしきりに尋ねているのだという。気をきかした村長が、時間を稼ぎながら、女子事務員をそっと裏口から走らせて私に連絡してくれたのだった。私には逃げる理由はなかった。軍歌を多少つくったことがあっても、戦時中は被圧迫者の一人だったのだ。説明すればわかるはずである。「いや、ぼくは逃げないよ」と、心配する家人たちに私は答えたが、夜道にジープのヘッドライトがだんだん近づいて来るのを見たときは、さすがに不安であった。

米軍の将兵たちは、私が探している当人だと知ると「オオ、ミスター・コガ」と、愛想よく、まるで百年の知己であるかのように握手を求めた。逮捕などという気配は全くない。いぶかる私に、一人が流暢な日本語で訪問の目的を説明してくれた。

彼等は戦争中、日本進駐後の司令部要員として、米陸軍で日本語の教育を受け、テキストとして日本映画を見せられた。ところがそのとき、私がかつて作曲した東京ラプソディなどの歌をきき非常に感動したのだという。そして、日本に行くようなことがあれば、作曲した古賀政男という男に、是非とも会ってみようと相談していたのだったという。彼等は親切にも、食糧難で私も困っているだろうと、ジープに食糧を沢山積んで、私にプレゼントするためはるばる訪ねて来てくれたのだった。

すでに夜となった。それに河口村は当時は電灯もない僻地の山村である。とにかく皆さん今夜は泊っていったらどうだと私が奨めると、彼等もそうしたいというので、私はなけなしのウイスキーを出して彼等の厚意に報いた。それから私の歌や外国の歌を唄いながら彼等と夜の明けるまで飲み明かし、朝になって私の歌を声一ぱい合唱して別れた。彼等の一人は別れ際に「ミスター・コガ、私たちの日本語が上達したのは、貴男のおかげです。心からお礼を申しあげたい」と、丁寧に頭を下げるのであった。

愛情の歌

それからしばらく後のこと、私は在日韓国人の代表らしい人たちの訪問を受けた。彼等は「古賀さん、絶対に他言はしませんから、ほんとうの名前を教えてください。そしてこんごわれわれの力になってください」というのだった。私が幼少年時代を朝鮮で過ごしたことからこんな伝説が彼等の間に広まり、ひそかに信じられていたのかも知れなかった。それでも、私はこの話を聞きながら笑うことはできなかった。朝鮮が日本に隷属していた頃、そして、朝鮮の人々が日本の社会に存在し民族差別の垣にへだてられ泣いていた時代、朝鮮の人々のなかでは私を同胞と信じ、ひそかに誇にしてくれたのかも知れなかった。また同胞のつくった歌であるというので、私の歌に心を慰めたこともあったのかもしれないのである。この二つのできごとは、私にとって天啓であった。私はこれによって虚脱状態から立ち直る精神的糧を得たのだ。たとえ国はやぶれても、また私の築いた過去の基盤がうたかたのように消え去っても、私の歌は国境を越えて、人の心のなかに生き続けていることを私は改めて確認させられたのであった。私の歌だからということではない。それが歌というものなのだ。私はそのとき改めていのちのあるかぎり作曲を続けようと決意した。

しかし、私はすでに作曲者としての年齢的な限界をすぎていることははっきりと自覚していた。文学、美術の世界では、作品は芸術家の年齢とともに深みを増していく。それに全く反対なのが作曲家の場合である。二十代から三十代の半ばまでが油ののり切っているときである。それからは衰えがはっきりと目立つ。詩人の運命もやはりそうであると思う。

それでもいい。たとえ拙くとも、私にしかつくれないものもあるのではないだろうか。そして、それこそ終戦直後の社会にもっとも欠けており、また、当時人々が最も求めてやまなかったのは〝愛情〟ではないかと私は思った。〝愛情〟を歌いつづけよう。疲れきった戦後の社会に高らかな愛情の歌声が湧きあがるよう、微力を尽そうと私は決意したのだ。

自由の歌

私と丈晴は秋になるのを待って河口村を引き払った。疎開するまで住んでいた渋谷区穏田の家は、私が河口村に移った直後の二十年四月の空襲で焼けてしまったので、教え子を頼って大田区雪ヶ谷に居を構えた。

上京した私を待ち受けていたのが、当時東宝にいた渡辺邦男監督であった。渡辺さんは『麗人の歌』を撮影中で大変な張り切り方であった。例の柳原白蓮女史をモデルにしたもので『ノラ』の日本版というわけである。私と渡辺さんとは奇妙な因縁があり、コンビで仕事をすると必ずヒットしたものだった。映画のテーマが新しい時代にふさわしいものであっただけに、渡辺さんは野心を燃して、是非私とコンビで行きたいという。私にとっても戦後の第一作でもあるし、長い間いろいろ制約を受けて自由に作曲できなかったので、これに情熱をかけて協力した。封切後は大変な人気となった。主題歌の〽夢は破れて、花嫁人形……」もたちまち全国に広まった。

つづいて昭和二十一年発表した『悲しき竹笛』昭和二十三年の『三百六十五夜』もヒットしたが、なんといっても、戦前戦後を通じて私の最大のヒット曲となったのが、昭和二十三年近江俊郎君に唄ってもらった『湯の町エレジー』であった。

悲しき竹笛

西条八十　作詞
古賀政男　作曲
近江俊郎
奈良光枝　歌

〽ひとり都の　たそがれに

想いかなしく　笛を吹く
ああ細くはかなき　竹笛なれど
こめし願いを　君知るや

湯の町エレジー

野村俊夫　作詞
古賀政男　作曲
近江俊郎　歌

〽伊豆の山山　月あわく
灯《あか》りにむせぶ　湯《ゆ》の煙《けむ》り
ああ　初恋の
君をたずねて　今宵《こよい》また
ギターつまびく　旅の鳥

風の便りに　きく君は
温泉《いでゆ》の町の　人の妻

ああ　相見《あいみ》ても
晴れて語れぬ　この想い
せめてとどけよ　流し唄

あわい湯の香も　露地《ろじ》裏も
君住む故に　なつかしや
ああ　忘られぬ
夢を慕《した》いて散る涙
今宵ギターも　むせび泣く

昭和二十四年秋までには、まだＬＰ盤やドーナツ盤のない頃で、一般の収入にくらべるとレコードが大変高いときであったが、二百万枚以上が売れてレコード会社も大喜びだった。

〽ああ　相見ても
晴れて語れぬ　この想い……

戦後のことであるから恋愛も自由で、実際にはこの歌詞のようなウエットなことは起こり得なかったはずである。それにもかかわらず、多くの人々が私の曲に共感してくれたのは、当時の日本人が置かれていた敗戦という社会的環境によるものだと思う。

当時はまだ占領下であり、しかもインフレがまだ止まないときであった。そのうえ、『竹馬経済』という批判のもとに税制改革が行われ、税金攻勢が厳しくなろうとしていた……。そんなことが、この曲のなかの吐息あるいは溜息のようなものに共鳴してもらえる素地になったのではないだろうか。

日劇での記念公演

昭和二十四年十月、私は日本劇場で作曲家生活二十周年記念公演を行った。皆さんから非常に関心をもっていただいたおかげで、劇場の周囲には幾重にも人垣ができるほどの盛会となり、日本劇場開場以来の入場者をマークした。

この年に発表した作品は、上記の作品の中に『トンコ節』『港の恋唄』『思い出月夜』があるが、何れもヒット曲となった。トンコ節を出したとき「古賀の奴、神楽坂あたりに、とん子という愛人がいるので、その名前を皆に唄わせたいものだからああいう曲を出したんだ」などと中傷する人々がいたが笑話にすぎない。この曲が出たころは例の炭坑節が全盛の時代であった。「歌は世につれ……」という言葉はいまでも私の座右銘であるので、調子のいいものを

トンコ節

西条八十　作詞
古賀政男　作曲
久保幸江
加藤雅夫　歌

〽あなたのくれた　おびどめの
だるまの模様が　ちょいと気にかかる
さんざ遊んで　ころがして
あとでアッサリ　つぶす気か
ネー　トンコトンコ

出そうと思い「トンコ節というのは、どうだ……」ということになったにすぎない。

翌二十五年の早々、私はハワイ北米へ音楽巡礼に出発した。十二年ぶりに各地の音楽界の友人たちから大歓迎を受け旧交を温めた。一たん帰朝後の翌春、再び中南北米各国を歩き、作品を発表したり、放送やレコード吹込をして当地で非常に喜んでいただいた。とくに、在留邦人の方々から熱烈な歓迎を受けたことはいまでも忘れ難い。

二十七年には『こんな私じゃなかったに』『芸者ワルツ』『だから今夜は酔わせてね』がヒットして、神楽坂はん子君がデビューした。

ゲイシャワルツ

西条八十　作詞
古賀政男　作曲
神楽坂はん子　歌

〽あなたのリードで　島田もゆれる
チークダンスの　なやましさ
みだれる裾も　恥かしうれし
ゲイシャワルツは　思い出ワルツ

ファン今昔

作曲家業を長年やっていると、仕事がら時折とんでもいなことにぶつかる。ファンの方々のすなおな愛情はとてもありがたいが、愛情過剰となってはこちらが閉口してしまうようなこともある。まずきわめつきのご厚情からはじめよう。

その一つは、戦後の東京松竹座での古賀メロディー・ショーも大当たりで、二ケ月公演を延長したほどだったが、そのとき楽屋に二十歳ぐらいの娘さんがたずねてきて、「古賀さんに会いたい。会えばわかるからひと目ぜひ」となかなか強情だし、自信たっぷりだというのである。筑後の知り合いの人かなと思って出てみると、そこにはつんつるてんのかんたん服、色黒の膚に顔だけべたべたおしろいを塗った見るからにいなか娘らしい人が立っている。そして一見するなり「違う。あんたじゃない。違う」と泣き出しそうになった。見ればどうも身重らしいので、なだめすかしてよく聞いてみると、私みたいにギターをひき作曲もする〝古賀政男〟という人とできてしまったらしい。うまい汁だけすったその〝古賀政男氏〟はどろんをきめこんだ次第だった。

第二の話は、四十歳ぐらいの中年女性からときどきファン・レターがきた。あるときの中身は「ごぶさたしました。浦和でのあなたとの思い出は、いつまでもなつかしゅうございます。あのときの思い出の一粒だねがことし十九歳になりました。いま銀座の喫茶店に勤めていますがまだ見ぬ父に会いたがっております。若いころのわたしにそっくりに成長しています。どうか一度会ってやってください。かしこ」私には、浦和に出かけた記憶もないし、この様な人に覚えもなかったのである。

もう一つは、京都からだといって二十三歳ぐらいの娘がコロムビアにたずねてきた。「おり入って話がある」という。「わたしの母は柳橋の芸者でしたが、数年前死にました。先日母の荷物を整理していますと、母の日記が出てきました。中には、いつも先生とお会いしていた愛情の日々がこまごまと書いてあります。もしやあなたはわたしのおとうさんでは……」粋筋らしいかわいい娘さんの話を聞き終るまで、冷汗の流れたこと。これまた私にそんな思い出があろうはずがない。しばらく話しているうちに「母も歌がじょうずでしたが、できたら私も…」というくだりを聞くに及んで「ははあ、目的はそこにあったのか」となっとくできたが、それにしては、ずいぶんと手のこんだ〝歌手志願〟であった。

しかし、このような話ばかりではなく、私の心が本当に和むケースも少なくないのである。戦後にくらべると戦前は手堅いファンが多かった。終戦直後、奈良光枝、近江俊郎、久保幸江、津村謙などの諸君と四国宇和島に行ったことがあった。どしゃ降り雨の日にもかかわらず、会場は超満員だった。

そのころ、人びとは娯楽にも欠乏していたのだ。舞台に立っているうちに、客席のいちばん前に五十歳ぐらいの女性が、男の写真を胸に抱いて聞き入っているのに気がついた。

あとで楽屋へ案内して聞いてみると、このおばあさんは、宇和島から数粁行ったところの瀬戸内海の離島に住んでいて、この日も自分で小舟をこいでやってきたらしかった。胸に抱いていた写真は戦死された息子さんだということだった。「アコーディオンの好きな子でした。いつも古賀さんの歌をひいていて、一度でいいから古賀さんと会いたいというのが口ぐせでした。今日お見えになると聞いたもんですから……やっとむすこの夢を実現できました」そういって涙ぐんでいた。しかも、このおばあさんは、その夜が娘の婚礼だというのをはずしてきたのだった。私は「息子さんに……」と香典を包ませてもらった。

暫くして小学校の女教師からあめ玉の小包が届いた。おばあさんが字が書けなくて代筆を頼んだものだった。黒い、芋からつくった飴玉だった。昔は、気にいったらとことんまでという親身な人が多かった。旅行先でそのような思わぬ人と会うのは、私のいちばんの楽しみとなるのである。

日本作曲家協会の設立

昭和三十四年一月、日本作曲家協会が設立され私が会長に選ばれた。この協会にはいろいろな立場の人が加盟しているので、私は親睦団体でいくのがいちばんいいと思っている。今後もこの方針を守るつもりでいる。

三十五年、ローマオリンピックを経て欧州各地を視察した。三十七年、古賀プロを設立して会長に就任した。その間、財団法人古賀ギター歌謡協会、古賀ギター歌謡学院を設立、三十八年一月天皇陛下御招待の新年御歌会に参内、同年ハワイ、ロスアンゼルス再訪、というのが私の戦後の履歴書である。このほか、ヒット曲には昭和三十年『娘船頭さん』昭和三十三年『無法松の一生』比較的新しいところでは、昭和四十年美空ひばり君に歌ってもらった『柔』『遊侠街道』などである。

無法松の一生

吉野夫二郎 作詞
古賀 政男 作曲
村田 英雄 歌

〽小倉《こくら》生まれで　玄海《げんかい》育ち
口も荒いが　気も荒い
無法一代　涙をすてて
度胸千両で　生きる身の
男一代　無法松

柔

関沢新一　作詞
古賀政男　作曲
美空ひばり　歌

〽勝つと思うな　思えば負けよ
負けてもともと　この胸の
奥に生きてる　柔《やわら》の夢が
一生一度を　一生一度を
待っている

人は人なり　のぞみもあるが
捨てて立つ瀬を　越えもする
せめて今宵は　人間らしく
恋の涙を　恋の涙を
かみしめる

口で言うより　手の方が早い
馬鹿を相手の　時じゃない
行くも住《とま》るも　座《すわ》るも臥《ふ》すも
柔ひとすじ　柔ひとすじ
夜が明ける

私にはもう一つかくれた履歴書がある。それは〝出雲の神様業〟である。私には妻がいないので正式の仲人役はできないので、もっぱら実質的仲介役である。ハワイやアメリカの二世の結婚もずいぶん手伝った。こうして結ばれた幸福なご夫婦から、わが家には贈りものが絶えない。先日もアメリカからメロンと衣類が届いた。メロンを口にふくみながら、しみじみと愛のすばらしさを思ったことである。

リバイバルから吟詠へ

リバイバルソングという現象が、歌謡曲界に起こったとき、私の過去の作品もレコードに再吹込されたが、なかで最も人気があったのは『人生劇場』ではなかったかと思う。これは村田英雄君のデビュー曲にもなった。

昭和三十三年頃のことである。私が自動車のなかでラジオのスイッチをひねってみると、大変特色のある渋い浪花節が流れてきた。その声をきいた時、これは「歌謡曲の吟詠調に使える」とスイッチを固定させたまま聞きほれていたが、運転手に聞くとそれが村田英雄君であった。私はさっそく村田英雄君に一度訪ねてくるように連絡した。一度私の不在中に来てずいぶん待たせてしまったが、つぎの機会のとき浪花節から転身するようにと奨めたところ村田君も、浪曲の前進には懸念を抱いていたのですぐに話が決まった。テープに吹き込んで、み会社のディレクターに聞かせたところ、みな一ように「こんなあくの強いのは駄目で

宮本武蔵の作曲にあたって村田英雄君と共に吉川英治先生の墓前に報告してぬかずいた。

すよ」と首を振る。そこで、ＴＢＳから村田君の歌を流したところ、たいへんな反響があった。今度はコロムビアでどうしても村田君を欲しいといい出した。村田君はそれから人気が急上昇していったのである。

私は戦前からすでに七回海外旅行しているが、その都度私の歌は日本的なものになって行くようである。戦後外遊の数が多いだけに、最近ではその傾向がますます強くなっていく。美空ひばり君の歌った『柔』もそうであるが、今度、還暦後はじめての大作として作りあげた『宮本武蔵』もそうである。これはやはり村田君が歌うことになっており、この春村田君と私は吉川英治先生のお墓にお詣りした。

私は最近吟詠に興味が集中されている。声だけでいろいろな変化を出していく。日本に古くから伝わった技術に興味があるわけだ。吟詠によって歌謡曲に新しい分野を開拓して行きたい、というのがこれからの念願なのである。

音楽の心

若い人たち

腕まくりにノーネクタイで髪はぼさぼさ。そういうのがすたすたとやってきてマイクの前にちょんと立つ。ぴょこんと頭を下げる者もいるがそうでない者も多い。そうしてやるのが、人の歌をいかにうまく真似るかということである。

この様なテレビ番組はずいぶん長く続いているが、当初審査員を引き受けたとき、まず癇《かん》にさわったのは、ちかごろの若者の人を食った態度であり、しかも唄うのが人のレコードのイミテーションだということだった。だがしばらくするうちに、待てよと思いなおした。まずものまねだが、若いころの霧島昇だって松平晃（佐賀県出身『サーカスの唄』などを唄った）の真似から出発したではないか。それに人間はのっけからのオリジナルな創造なんてありえない。赤ん坊だって芸術だって皆なイミテーションから始まるのだと思うようになった。

先日ある美術評論家が、「わが国の有名画家の作品の中でも、滞欧中の必死のものまね修業時代の作品がいちばん意欲があり、訴えるものがある」と、書いているのを読んでなるほどと思った。ただ、ものまね審査で難しいのは、うまいけど自分の〝なにか〟をもたないもの、へただけど〝なにか〟を感じさせるもの、これを見わけることである。

戦後来日したギターの巨匠・アンドレ・セコピア氏が，芸者を所望するにより席をもうけた。

NHKテレビ『黄金の椅子』に出演した著者のスタジオ風景。

最初かちんときた若い連中の厚かましさ。これだってテレビに出る不安感のテレかくしが強い。それにこの年代はいちばん大人になりたがる頃だし、〃おとながなんだ〃と、そり返ってみたがる年なのである。私だっていまのマスコミにいわせれば、非行少年であったろう。学生時代には、下級生をぶんなぐったこともあったし、肩を張ってうろついたこともあった。また、苦学時代はマルクスを読み「世の中がなんだ。資本家のイヌには死んでもならないぞ」と血気に走って警察につかまったこともあった。だが、その頃はいまみたいに周囲は騒がなかった。戦前の青少年たちも、喧嘩をやり、万引をし、親に反抗した者もあったのだ。「ちかごろの若い者は……」と眉をひそめる人たちも、自分の若いころを冷静にふり返り、いまの連中よりたしかにましであったと、自信をもって断言できる人が何人いるだろうか。

むしろ私は、いまの若者のほうがすばらしいとさえ思う。よく現況を把握していて考えることもしっかりしている。先輩や大人たちがまちがっていると、反省させられることがしばしばある。だれでも一度はおとなになりたがり反抗したがるもので、要はこのとき、私たちがどんな愛情と同情をもって接するかである。世の人情というのはそうそう変わるものではない。

私は三十数年間、涙の歌、愛の歌などの絵そらごとをくり返してきている。私はクラシックはきびしい父の音楽であり、歌謡曲はやさしい母の音楽だと思う。子供にとって厳格な父が不可欠であると同様に、陳腐といわれようと愚劣とけなされようと、無条件にいたわり心をなごませる母の愛もなくてはならない。審査席から、どんなに歌のへたなあんちゃんにでも、親身になって激励してやらざるをえないわけである。

最近の若者たちにふれたからには、女性についても一言なくてはならないだろう。

美女と美声

俗に『美人に美声なし』といわれが、私のように長年音楽関係の仕事をしていると、この関連についてよく人から、「一家言あってもいいじゃないですか」などといわれるが、美女美声ということになると『天は二物を与えず』というのには実感が湧いてくる。なかなかこれを兼備した人は少く、まれには、市丸さんのように声色兼備という人もあるが、こういう人はやはり少い。

鈴虫のような美声にひかれて顔を見ると、これがとんでもない器量だったなんていう経験は珍しくない。このごろのテレビの若い歌手には、やたらとかわいい美女たちが出てくる。だが、これは判断の対象にはならない。なぜなら、彼女らは歌のうまいへたは二のつぎで、顔が売りものの連中が少くないからだ。こうしたごまかしの過度期的現象は、そう長続きするものではない。

映画スターの中でも、歌手兼業をこころみたものが少くなかったが、結果的にものになったのはいいなかったようだ。

声と顔の関係はあやしいものだが、声と心の関係はありそうな気がする。これは確たる証拠があってのことではないが、それだけに「そんなら、声のきたない人は、心も悪いのか」などといわれても困るのだが、「姿、形はどうでもよい。心の美しい人になるよう努力しなさい」と、私が歌の生徒によくいう言葉である。

また適齢期の男性には「声の美しい人を妻にしろよ」という。愛のささやきはもちろんのこと、小言ひとつでも美しい声でやられると、とげの立ち方も違おうというものである。たとえば市丸さんなんかは、美しくあるということのためには、声にたいしても顔にたいしても大変な努力をしている人だ。またそれ以上に、心の美しさにたいしては気を使っている。特に仕事には一分一秒おくれて来たことがない人である。このごろはナイトクラブに出ることが多いそうだが大変な人気である。「市丸さんがみえると、ふんいきがぐんと上品になる」と喜ばれるそうだ。

藤山一郎君もまたすばらしい心をもっている。長い人気と何時までも若々しい秘密は、あのきちょうめんさと誠実さであろう。藤山君や市丸さんのように人気の長持ちしている人は、事実、心もからだもたいへんに若い。芸一筋に打ちこんできた心の張りがあの若さを保っているのではないかと思う。

六十の手習いだと笑われそうだが、私はさいきんになって邦舞を始めた。ゴルフは時間がかかり過ぎていそがしい身にはまに合わない。邦舞をやるとからだの訓練になるのと同時に、なによりも心がしゃんと引き締まるのがいい。

うらみつらみの歌

歌謡曲には、たしかに、うらみつらみの歌が多い。

雨の降る夜、あの人は行ってしまった。私は雨にぬれながら、ネオンがまたたきジャズがむせぶちまたを、泣きしおれて、さまよい歩く——といったぐあいに、十年一日のようなこの涙の歌。これが批評家諸氏からは「どうせ歌謡曲……」とさげすまれる最大の理由であるが、反面これが大衆の中に根強い生命力をもちつづける要素でもある。歌というものはけっして押売で流行るものではない。

私の場合、もし『酒は涙か』よりも『丘を越えて』のほうが売れていたら、明るい楽しい歌をたくさん書いていたかもしれない。しかし涙の歌が売れるものだから会社がまた注文してくる。こちらは要求されるからまた作る、という循環がないわけではないが、やはり〝歌は世につれ〟なのだ。

日本人は、いつごろから涙やうらみつらみの好きな人種になったのだろうか。原因のひとつは仏教にあると私は思う。その証拠に仏教伝来以前の日本文学を見るがよい。古事記、万葉、いずれもたいへんに明るくおうらかで素朴だ。万葉の相聞歌などはまるでイタリア民謡のようである。それが仏教の伝来からの浸透とともに、源氏物語、徒然草と、だんだんわびしくなってくる。近世になると、もううらみつらみの涙は頂点である。

近松の心中ものがそうであり、浄るり、清元、長唄、明治になっての浪曲など、ハンカチをぐしょぐしょにしないとおさまらない。つらいこの浮世は極楽と対比させられて、いやがうえにも辛い厳しい世界となった。〽どうせ二人はこの世では」というはかない仮のこの世の嘆き悲しみは、なにも歌謡曲の専売特許ではないのだ。それにはまた『うらみつらみの歌』は、日本だけの特異現象でもない。

うちひしがれた大衆の心は、うらみつらみの泣きごとにはけ口を求める。たとえばアルゼンチン・タンゴであるが、ほとんどは恋人に捨てられたうらみかさなる歌だ。『ラ・クンパルシータ』などは、激しいうらみつらみである。私は涙の歌の多いこのアルゼンチンをおとずれてみて、この国がカトリックの力が強大で、どんなに悲惨な夫婦でも離婚ができないことを知った。わが国も戦前までは、社会的制裁から実質的には離婚が難しかった。恋愛と離婚の自由のないところに、うらみの歌ははやる――という珍説はどうだろう。

黒人霊歌はいうにおよばずシャンソンだって涙の歌である。世界中にはうらみの歌はずいぶん多く、しいたげられた民衆が苦悩のはけ口として求める歌だからである。この世から不幸が消えないかぎり、涙の歌は唄われていく。わが国ほど大衆音楽と純音楽との断層の激しい国はない。そして大衆音楽の位置も国民大多数の人たちに愛唱されながら低く、大変におかしい。

文化は高いところから低いところへと流れる。西欧から日本へ、貴族から庶民へと伝播した。このため下積みの日本文化・庶民文化は、つねに粗野で下品でいやらしいものになってしまった。戦後から総理大臣といっしょに文化人・芸能人がパーティをするような機会も出てきたが、芝居の役者が河原こじき、小説家が三文文士、歌謡作曲家が大道芸人なみの呼ばれ方をされてきたのはついこの間までのことである。

音楽の場合、明治年間の音楽教育がドイツ音楽の影響で発足したために、西洋音楽が正統になり、すべての音楽判断の基準になった。在来の民謡、わらべ歌などの民衆音楽は邪道の扱いに甘んじなければならなくなった。このまちがった音楽観がいつまでも尾を引いて、民衆音楽と純音楽とのまったく隔絶された壁をつくっているのである。外国ではこんな情けない話はない。シャンソンでもタンゴでも、けっして〝高級〟な音楽ではない。だが民衆の音楽を愛し育てていこうということにはみな変りがない。

あのニューヨーク・フィルの指揮者バーンスティンだって、にやにやしながら甘い歌謡曲『トウ・ナイト』を作ったのだ。ブラームス、チャイコフスキー、ドボルザークなども、みな民衆の音楽にわけて名曲を作った。

とくに実用主義の国アメリカでは、作曲家においても演奏家においても、純音楽から歌謡曲にいたるまで断絶がない。フォスター、ガーシュイン、グロフェ、コール・ポーターなど、純音楽ともポピュラーともいえる作曲がいくらも層をなし、一流のオーケストラが甘い歌謡曲まで演奏するボストンポップスなどもある。大衆は耳が成長するにつれて、お富さんからベートーベンまでスムーズに進めるわけである。日本のように純音楽と大衆音楽とが離反していたのでは、結局両方とも進歩がないし良い作品は生まれない。不幸なのは大衆である。無論、わが国の歌謡曲けいべつの風潮には、作詩作曲家の責任もある。涙の歌が売れるからといって、のべつ無批判にうらみつらみの歌ばかりではいけない。

「古賀さん、ひとつ目をつぶってくださいよ」といって酒を一本届けられた。やがて発売された当人の作曲のレコードは、以前ヒットした私の曲にそっくりだった。ヒットが出るとすぐイミテーションを作る。会社も要求する。わが国の大衆音楽を毒しているもの、それはイミテーションと会社の営利主義だとおもう。日本人は涙の好きな人種だが、うらみつらみの歌が多いことの背景には、こういう要素もあるのである。

音楽の精髄

多くの外人客、それに外人のバンドに流れるのは外国のジャズ、ポピュラーソングばかり。ブロンドのホステスもいるではないか。いまやわが国の大都市の夜の盛場は、完全な無国籍状態である。

調べによると、盛場で演奏される音楽は六五パーセントが外国製で、日本の歌はずか三五パーセントだという。いや盛場だけではない。奈良に行こうと京都に行こうと、がなり立てているのは外国の歌ばかりである。歌謡曲はまだしも、琴か三味線の伝統音楽でも聞こうと思ったらまったくのお手あげだ。琴などは、いまでは正月のラジオ・テレビのアクセサリーである。『君が代』を相撲の歌だと思い込んでいるこのごろの子供のことだ。『春の海』や『越天楽』を正月の歌だといい出す子供も出てこよう。無論この傾向はわが国ばかりではないかもしれない。

四年前欧州に行ったとき、どこの国でも『メロンの心』ばかり聞かされてうんざりしたことがある。音楽というのは、現代ではレコードという商品を仲介にしてしか存在しえなくなった。だから、たとえばアメリカのように、商品を売り込む強大な経済力をもっている国の音楽が、世界中にはびこるのはいたしかたないが、わが国のように、これほどあっさりと伝統音楽を捨ててかえりみない国民もいない。外国ではジャズははやっても、厳然と自国の音楽は育てている。

私は日本のようにメロディーの豊な国は他にないと思う。北海道から奄美まで多くのすぐれた民謡が、それぞれロマンチックな伝説をともなって歌われている。日本の民謡、歌謡曲、歌曲などとくらべて、外国のヒット曲がすべてすぐれているというのなら、私はこんなやぼなことはいわない。だが輸入ものの大衆音楽の多くは、わが国の歌謡曲にも劣るチャチなものである。外国の六五パーセント、日本もの三五パーセントという比率を、せめて逆の比率にといううのは無理な注文であろうか。

私は音楽の場合はとくに、民族的な〝血〟というものはどうしようもないと思う。つまり音楽の精髄は、基本的にナショナリスティックなものである。藤原義江さんも外国でうけたのは、オペラのアリアではなく『カラタチの花』や『鉾をおさめて』だった。またあれほどすぐれたアルゼンチン・タンゴの歌手藤沢嵐子さんも、結局イミテーションの域を出ることはできない。

ここらで音楽というものを皆さんと考えてみたいと思う。それに関連することだが、戦前からの歌手の寿命がみな長いということに注目していただきたい。それは、かれらがアカデミズムと歌謡曲との間の断層に悩み、ヨーロッパ的発声法の日本化に苦労したことが、この支えになっていることはいうまでもない。だがそれだけではない。プラスアルファの何かがあるからに違いない。

小節の味

音楽学校出身の藤山一郎君は、歌謡曲に最後まで批判的な態度をとりながらヒット曲を放ってきた。一方、やはり音楽学校出の春日八郎君は、苦しみを振りすててうんと泥くさく転身することによって大衆にアピールした。しかし、この両者のアピールのしかたに大いに違いがある。いい例が戦前と戦後二度のヒットを迎えた私の『人生劇場』である。楠木繁夫君という歌手は、歌にたいする真剣さにおいてはだれにも負けぬ男であった。『緑の地平線』などいま聞いてもなかなかすばらしい歌いっぷりである。だが、彼の『人生劇場』は背広を着た〝吉良常〟であった。戦後、佐賀県出身で浪曲師から進んできた村田英雄君が歌ってまたリバイバルした。音楽学校出身の楠木と浪曲出の村田と、どちらが大衆の心にくいこんだかを対照してみたい。

日本の大衆の心を根底から揺さぶるにはやはり日本的発声法が必要だと私は思う。学校教育のすべてがドレミファでやっているのに、いまさら日本的発声法もないもんだといわれるかもしれない。だが伝統は、そうたやすく死にはしないのだ。戦後はクラシック、ジャズ、シャンソン、タンゴなど海外音楽に占領されつくした感じだったわが国に、いまなお浪曲調、民謡調、明治の艶歌調の歌謡曲がなんと根強いことか。「レコード会社の売り込みさ」といってしまえばそれまでだが、わが国でドレミファ教育が始まって百年たった今でさえそうである。音楽学校出身者より浪曲出身者が大衆の心をつかんだ事実には、やはりなにかがあるのである。

美空ひばりの長年衰えぬ歌の魅力の秘密もそこにあると思う。ヨーロッパ的発声法は、変声期には練習を避ける。そして如何に音程のくずれがなく正確な音感を身につけるかを練習する。だが、日本的発声法はまったく逆だ。変声期にきたえ抜いた人の清元、長唄、浪曲などが、如何にすばらしい表現力をもつかは日本人ならわかるはずである。

また、音程のくずれた微妙な極地を捜し求めるのも日本的発声法である。清元、長唄では〝小節（こぶし）千回〟という。千回練習して小節の味は出るというわけである。歌謡曲の魅力もこの小節にあると思う。小節は下卑たものとしてきらう人もいるが、私は中近東を歩いて、アジアの民族音楽がいかに小節を生命力としているかを知った。朝鮮や中国の歌を聞いて感ずるなつかしさも、その原因は小節の味である。

歌は世につれ

昭和四十年前後、歌謡曲界のヒット作家は中村八大君である。梓みちよちゃんが天皇、皇后両陛下の前で『こんにちは赤ちゃん』を唄ったり大衆にも唄われ、八大君もすっかり男を上げたのであった。

先日同郷の詩人・野田宇太郎さんに会ったおり、「おもしろいもんですね、戦前の歌謡曲界の革命児が古賀さんであったし、戦後のポピュラー音楽界の革命児が八大君だ。昭和期の二人の革命児がいずれも筑後出身だからねえ」というおほめをいただいた。だがべつの意見もある。芥川也寸志さんによれば「天皇の前で歌われた八大調のホーム・ソングは、どちらかといえば純音楽の流れをくむ質的高さがある。世をのろい、涙を流すことしか知らなかったこれまでの流行歌は音楽の汚物だし、これを機会にこのような俗悪なものは一掃すべきだ」というわけである。ある雑誌記者がこの芥川論をもってきて、なにか反論はないかという人もあった。

私は歌謡曲が高級品だなんていうつもりはないが反論は大いにある。流行歌はいつの時代にもあったのだ。古くは長唄、新内、端唄、小唄がそうだし、明治時代にははやり歌（ぎっちょん節、とんやれ節）や書生節（でかんしょ節など）大正時代には『金色夜叉』『船頭小唄』などが歌われた。私がデビュー直前にあったものは『東京行進国』であり『君恋し』であった。

こうした歴史があってこそ、初めて昭和期のレコード歌謡曲も生まれたのだし、ジャズを含めた戦前戦後の大衆音楽の遺産があってこそ、初めて八大くんも出現したわけである。だいたい、歌がヒットするしないは時代の所産である。〝歌は世につれ、世は歌につれ〟とはよくもいったものである。

音楽の捨て石

中村八大君に会った時のこと『上を向いて歩こう』を作曲するとき、ヒットすると思って作ったのと聞いたら、「じょうだんじゃない。まったくやみくもですよ」と笑っていた。たとえば『上を向いて歩こう』を戦前に出していたら、ヒットしなかったろうし、私の『酒は涙か……』をいまごろ発表しても、やはり売れないだろうと思う。作詞者、作曲者、歌手、大衆心理——これらのなんとも知れない不可思議の線がふと結び合ったときヒットが生まれるのである。

いい例が八大君のやっていた『夢であいましょう』(NHKTV)である。ここでは同じスタッフの作になる曲が「今月の歌」として平等に一ケ月ずつ放送された。これについて「ふしぎですね、曲によって売れるのと売れないのとでは、たいへんな差ですよ」と八大君は頭をひねっていた。心血を注いで作った歌でも大衆から見向きもされないのがある。その点小説や絵とはまたちがっていて、音楽という極度に抽象的な作品のむずかしさとふしぎさがある。

私は『こんにちは赤ちゃん』と浪曲とをいっしょにするつもりはないが、歴史の中では、まったく無関係に論じさせるわけにはいかないのである。『上を向いて歩こう』が『スキヤキ』のタイトルで世界中に歌われたそうだが、歌と大衆の結びつきは非常に難しい問題である。私にはつぎのような経験がある。

昭和十一年、いまではなつかしい『酒のめば』の作曲者・歌手として話題をまいたバートン・クレーン氏(ニューヨーク・タイムス特派員)が帰国のおり、私の『酒は涙か』と『月の浜辺』の楽譜を持ち帰ったのがきっかけで、ジャズ王のビンセント・ロベツ氏から、私の作品二十二曲の出版をしたいとの申入れがあった。その後、私の歌は、メトロポリタン歌劇場のプリマドンナ、リリー・ポンスが『二人は若い』を、やはりオペラ歌手のグレース・ムーアが『酒は涙か……』を紹介したりして全米に歌われた。パリのムーランルージュの楽隊も私の曲を取り入れてヨーロッパでの流行の口火をきった。芸術はピラミッドみたいなものだと私は思う。だれでもが頂点に目標を置いて直行したいと思う心理があるものだが、実際にはその間底辺に多くの捨て石が積み重ねられ、初めて頂点に達するものではなかろうかと考える。

だが、ときどき、歌の世にも滑稽なことが起こる。たとえば、〽吹けば飛ぶような……」の『王将』の場合である。この歌を私の作曲だとかん違いしている人が多い。〽やると思えば……」の『人生劇場』と似たようなムードをもっているところからなのだろうが、これは船村徹君の作である。

この曲は、数年前週刊誌などでさんざん騒がれたことがあった。このヒット曲を生みだした関係者の利害のもつれからであった。その原因になっていたのは、俺が俺がの『我』の主張である。おれが作曲したから、おれが歌ったから、いやおれが企画したからと、我を主張し合っていたんでは紛争はおさまらない。

皆同じように社会の歯車に組み込まれ、同じような週刊誌・テレビの番組を新知識のよりどころにしている現代人のことである。その中での俺が俺がの主張はこっけいな思い上がりか、自己本位の『我』の主張であると思う。私は我の主張よりも、今日まで大衆とともに音楽の捨て石になれたことを嬉しく思っている。

私とギター

私の手は日本人の平均寸法より小さく従って指も短かいので、楽器を操作する場合には致命的である。ピアノ・ギター・バイオリンなどの楽器は、西欧人の体格、すなわち指の長さを基準に造ってある。ところが、私の欠陥不自由さを決して悲観することはないと励ましてくれたのが、アルゼンチンのギターの最高権威者アントニオ・シノポリ氏であった。

シノポリ先生はギター学校の校長であったが、戦前私が南米へ行ったとき参観させて貰ったが、生徒たちの腕はみな一流で、私などには中々及ばないところもあった。シノポリ氏は、「マエストロ（先生）、私の技術をお分けしましょう」と、指導して下さったので、ここで私はギターの持ち方からやり直して勉強することができた。『古賀ギター』という名で、わが国におけるギター製造のパテントをくれたのがこのアントニオ氏である。私の弟子アントニオ・古賀という芸名もこの恩人に由来している。

わが国はギター・マンドリン愛好者がたいへん多いが、その九割までが中途はんぱの人が多いようである。これに取り組む人たちの中には「私には才能がない、と誰もが始めるとすぐ悲鳴をあげる。そのとき、私はいつも駄目だと思うだけでも進歩なんだ。どんな名人でも、何回も絶望をくりかえしてきたのだ」と、つぎの話をすることにしている。

——渡し舟の中で、ある客が突然〽高砂やこの浦舟に帆を上げて、と歌った。乗り合わせた剣客が「絶妙な歌いぶり、ぜひその先を」と所望した。するとその客は「きき覚えで、いつもここだけしか歌わぬのでその先は知らない」といった。そのとたん剣客の眼が光った。修業の極意を悟ったのである。「一部分でもこれだけの完璧さであれば、あとはもう自ら道がひらけてくるのではないか」ということである。

人生はやり直しがきかない。とすれば、一番大切なことは初志を貫徹することである。「もう駄目だ」という絶望をどうして乗り越えるか、これが人生においても、また音楽修業においても肝心なところではないだろうか。

身辺の記

還暦の催し

還暦を祝う会は東京宝塚劇場で開かれた。この会のショウで私の作曲四十年の作品が歌われた。その歌詞の一部と作曲を年次別にあげるとつぎのようになる。

還暦の会ショウの部で「酒は涙か」を自分で唄った著者，伴奏者右は山本丈晴，左アントニオ古賀。

還暦のパーティで贈られたバースデイ・ケーキにナイフを入れる著者。

東京宝塚劇場に於ける還暦の会

『丘を越えて』昭和六年
〽丘を越えて行こうよ
真澄の空は晴れて

『ほんとにそうなら』昭和八年
〽たとえ火の雨　槍の雨

『二人は若い』昭和十年
へあなたと呼べば
あなァたと答える
山のこだまの嬉しさよ

『サーカスの歌』昭和八年
へ旅のつばくろ　さびしかないか
俺もさみしい　サーカスぐらし

迷い鳥

私の家の庭にはまだかなりの赤松の老木があちこちとそびえている。ここを買い求めた頃は赤松林だったのを切り開いて家を建てたが、そのとき赤松はできるだけ残そうと努めた。

その後、たんせいをこめた庭木などをずいぶん植えてきたのだが、やはりこの自然のままの赤松の風情にかなうものはない。この家を建築した頃はまだのんびりとした戦前のことで、わざわざ京都まで庭の見学に出かけ、この方の見物だけ一ヶ月間も費したことを覚えている。だがすばらしい見本を移しかえられるものではない。地形が違ったり条件が悪かったりでうまくいかないもので、けっきょくは日本庭園ふうの植込みの中に芝生を

『緑の地平線』昭和十年
〽なぜか忘れぬ　人ゆえに
なみだかくして　踊る夜は

『日本橋から』昭和五年
〽お江戸日本橋　師走も暮れる

植えた自分好みのものにしかならなかった。しかしこの風情は、風が少しでも出ると松風の音がたまらないほど心にひびき渡ってそれが歌にかえてくれる。汚れて変化していく東京の中で、この森にわずかに残された緑のオアシスを求めて小鳥たちが集まってくる。多くの野鳥たちにまじってよく近所の籠の鳥たちも脱出してくる。ブンチョウ、セキセイインコ、カナリヤなどの姿もみられる。小鳥たちは、まるでさばくの旅人がオアシスを見つけたように喜んでやってくる。

飼い訓らされた鳥たちは人間に依存してしか生きていけないようになっている。これらのかなしい飼い鳥たちは放っておいたら死んでしまうかもしれない。籠を買ってきては家で飼うことになる。こうしてこれまで何羽が迷いこんできただろうか。いま元気にさえずっているカナリヤも迷い

『東京ラプソディ』昭和十一年
〽花咲き　花散る　宵も
銀座の柳の下で

『男の純情』昭和十一年
〽男いのちの　純情は
燃えて輝く　金の星

鳥である。

　赤松と並んで欅の大木がある。これは私が千葉の山中で見つけてわざわざ運び植えた欅である。欅は九州には少ない。なかなかぜいたくな木で、新緑が出たかと思うともう落葉し始める。秋まで毎日ハラハラと庭いっぱいに黄色の葉をまき散らす。私は木にかぎらず草花の一本にいたるまで自分で選ぶ。ひとり身でいると、ひとしお生命の尊さが身にしみて、生きとし生けるものすべてがいとおしくてならないのだ。

　このほか、この六十の独身男を慰める友には、犬が二ひきと猫が一ぴきである。犬のプードルは、人の心を読みとるのが大変にすばしっこい。自分のことが話題にのぼっているときなど得意満面の威張り方でポーズをとる。私が出かけるのをどうして察知するのか、私が玄関に出る前からち

『あゝそれなのに』昭和十一年
〜空にゃきょうもアドバルーン
さぞかし会社で今頃は

『青い背広で』昭和十二年
〜青い背広で心も軽く
まちへあの娘と行こうじゃないか

ゃっかり車にのりこんで待っている。

だが、動物も植物も、けっきょく人委せである。いくら人が面倒をみても、飼主の世話が続かないと病気したり枯れたりする。生きとし生けるものは皆心が通うものである。

鼻ひげ考

〜なにかいおうと思っても　女房にゃなんにも
いえませぬ……

宴会ともなるといまだに唄われる『うちの女房にゃ髭がある』（星野貞志作詞）の一節である。

戦後、軍人の権威は地に落ち、それと同時に、鼻ヒゲの威厳と装飾性とは、大幅に値下がりしてしまった。ほとんどの人が鼻ひげをそり落としたなかで、私だけは無形文化財みたいに保存し続け

『女の階級』昭和十一年

『人生の並木路』昭和十二年
〽泣くな妹よ　いもとよ泣くな
泣けば幼い　二人して

てきている。今では大変な希少価値が出てきた。なかには私のひげを見て、「ああ、古賀さんは〝うちの女房にゃヒゲがある〟の作曲者でしたね」という人がいる。だが、この歌の作曲者としての自負からや、トレード・マークとして鼻ひげの保存におよんでいるわけではないのだ。鼻ひげをはやし始めたのもこの曲の作曲後まもなくだからいよいよ因縁めくが、じつは別のきっかけからである。

　昭和十三年、私は内臓の病気で一ヶ月ほど入院したことがあった。退院するまで剃刀ももてず顔はひげだらけになった。そのとき病気の記念にひげを残してやろう。そしてこれから毎朝ひげを当たるたびにからだのことを注意しようと決めたのである。

　その頃の病院では、前年売出した『うちの女房

『愛の小窓』昭和十一年
〽花の都に身をすねて
若いいのちを散らすやら

『人生劇場』昭和十三年
〽やると思えば　どこまでやるさ
これが男の　魂じゃないか

房にゃヒゲがある』が、さかんに歌われていたが、私の決意には無関係であった。

それいらい今日まで二十五年といいたいが、途中で一度だけそり落としたことがあった。ある朝、あわててひげを当たっているうち、左の方を少しそり込んだ。左右対称にしようと右をそるとまたおかしい。左に右にとそり込でいるうちにおかしなかっこうになって、とうとう全部そり落としてしまった。そのときの間の抜けた締まりのない顔といったらなかった。これにこりて、そのご絶対にひげは落とさないのである。

だいたい、人体の毛の中で、造物主の意思に反して人間が勝手に処分してしまっているのは、鼻とあごの毛である。神だって、アクセサリーのためによかれかしと思ってくれたのだろうとおもう。戦後、ある女性雑誌がにぎやかな『ひげ論争』

『春よいずこ』昭和十五年
〽おもいでは　おもいでは
青い背広の涙ににじむ　紅のあと

『建設の歌』昭和十五年
〽喜びあふれる歌声に

をやったことがあった。「男の見栄の象徴だ、軍国主義のなごりだ、いや封建的な男尊女卑のぬけがらだ」と女性軍にこっぱみじんにやられたうえ、とうとう男のうすぎたないエロ趣味にされてしまった。だが、どだいたかがひげぐらいに、そんなに大そうな意味をまつわりつけていた歴史がおかしかったのだ。

ともあれ、戦後の女権拡張で『ひげの女房』ばかり多くなった現今『うちの女房にゃ ひげがない』というのを作曲したら、こいつは売れるかもしれない。

食い道楽のむくい

道楽のうちで、私がいちばん熱を入れたのは食い道楽である。子供の頃はもっぱら母の手打うど

還暦を祝う会では舞踊をやって下さった。

右上
『花の三番叟』
花柳寿輔さん

左上
『江島生島』
松本幸四郎さん
山本富士子さん

右下
『花見踊』
西川左近さん
西川右近さん

左下
『祭酒』
猿若清方さん
猿若吉代さん

んで育ち、学生時代は食うや食わずで過ごしたので、社会に出てからは、少しでも金がはいると食べた。それに若い頃の粗食生活がたたって、学校を出てまもなく結核になっただけに、病後はその反動もあった。

数回外遊をしたが、その大半は食いあさりに費した感がある。海外旅行ブームのこの頃、いかに安くあげるかを自慢する人が多いが、私はもし金があれば、旅行のときぐらいは豪華な気分にひたりたいと思っている、これは日常生活と仕事の緊張をほぐすよい機会だからである。私の経験からいうと、アメリカやヨーロッパへ行っても、町に着くとすぐホテルで名物料理のありかたをたずねる。ほんとうのうまいもの屋というのは、たいてい市場などのごみごみしたしごくきたないところにあった。アルゼンチンでも野菜市場のすみっこ

『羽根の禿』で熱演する
古賀政男

『目ン無い千鳥』昭和十五年
〽目ン無い千鳥の　高島田
見えぬ鏡に　いたわしや

につう（通）の行く店があった。しかしここでは皮のついたままの牛肉が出たのにには驚いた。

　ここでは車ではるばると牧場にも出かけた。大地主となると、四国ぐらいの広大な牧場をもち、牛の数もはっきり知らないありさまだという。牛は自由に草を食い、子を生み数をふやしているのである。牧場に、ガウチョ（カウ・ボーイ）たちのたき火が始まる。客の見ている前で牛を殺して解体し始める。太古からの牧畜民族が、この大原でくり広げる流血のドラマは、健康そのものであり、陰惨な感じはみじんもない。ガウチョのギターと酒。この野趣は捨てがたいものだった。

　さいきんわが国でも、バーベキューと称して、あちらのまねごとみたいなのが流行っているが、本場のはそのようなちゃちな食い方ではない。われわれが肉に満腹したところが、彼らにとっては序

『湯の町エレジー』昭和二十三年
〽伊豆の山々　月あわく
灯りにむせぶ　湯の煙り
あゝ初恋の

『悲しき竹笛』昭和二十一年
〽ひとり都の　たそがれに
想いかなしく　笛を吹く

の口で、延々と食事は続く。肉だけでもわれわれの四、五倍ぐらいは食うのでスタミナが違うはずである。

そのほかスペインでは、アルフォンゾー皇帝の宮殿だったというホテルでは、客の目の前でコックが調理して見せたし、ウィーンではキジの丸焼きがおごそかに手押し車に乗ってやってきた。パリではオニオン・スープの自慢の店に出かけた。屠殺場のすぐそばにあり、店の横には牛の頭がごろごろところがり血が流れていた。それに壁といい、テーブルといい、ぎっしりと書きこまれた落書きが店の古さを物語っていたし、蜘蛛の巣だらけの天井の下には、ミンクの貴婦人たちがおごそかにスプーンを動かしていた。

だが、こうした道楽がたたって、このごろはめっきり肥え血圧も高くなってきた。そして、また

『旅役者の唄』昭和二十一年
へ秋の七草　色増す頃よ

『見ないで頂戴お月様』昭和二十八年
へあなたくるかと　待ちわびる

むかしの粗食に返った。雲仙岳の見える故郷で食べていた母の手打ちうどんが恋しいとおもう。

三つ子の郷愁

カラスという鳥は愉快なやつである。茶わんのかけらだとかガラスの破片だとか、きらきら光る美しいものが落ちていると、なんでもくわえていって集めるくせがあるという。私の収集趣味もまあそんなものである。美しいと思うものはなんでも集めるのである。収集品の中ではとくに陶器と絵が好きだ。陶器は旅に出ると、たいてい一つか二つはかばんのなかに買って帰る。日本中から急速に地方色が淡くなっていくなかで、各地の伝統を誇る陶器は数少ない日本人の心の故郷でもある。心の故郷といえば、陶器の場合、私にとって

『馬喰一代』昭和三十三年
〽美幌おろしと　男が競う

『こんなベッピンみたことない』昭和二十八年
〽こんなベッピン　みたことない

は特別の意味がある。

　幼い頃私の一家の暮しは父が細々と売り歩く陶器の行商にささえられていたからだ。私は子供の頃オモチャというものを買ってもらった記憶がない。私の玩具は、みな父の商う焼物であった。この焼物がままごと道具になり、ピストルにもなった。これが身についたものか、今でも陶器のあのはだざわりはかぎりなくなつかしい。陶器趣味というのはたいていは年配になって覚えるものだが、私は若い頃から、なんの抵抗もなくその美しさにひき入れられてしまった。

　いまでもつぼや飾皿などはいうにおよばず、日用品の茶わん・湯のみにいたるまで自分で選ぶ。

　絵もずいぶん集めたが、シュールだの抽象画だのというのはわからないので、私は自分の目で美しいと思うものしか手を出さない。集めた絵は風

『影を慕いて』昭和四年
〽まぼろしの影を慕いて
踊る　長谷川一夫さん

特別番組
村上元三さん
山岡荘八さん
の演ずる『お染半九郎』

景か人物画である。この中でもいちばんの家宝は古賀春江さんからいただいた『酒は涙か』の絵である。

いつかハルピンの骨董屋で求めた風景画は大変気に入った。寂しい湖に鳥が一羽いるだけのものだが、香り高い詩情をたたえて美しい。これに加えてビュッフェの絵を買った。応接の上に飾ってあるが、ベニスの風景を描いたこの絵は、夕暮れ時窓から夕闇のしのびよってくる時が一ばん美しいと眺めている。パリのノミの市では、星崎さんからドウカーンの小品をすすめられた。一人の狩人が、あかね色の夕日を逆光にあびて寂しく歩いている絵だ。その孤独でわびしい姿が自分の人生に似ているような気がしてならない。以来この絵は私の書斎のピアノの上に飾っている。

私は、絵でも音楽でも自分で芸術だと思いこん

特別番組　昭和三十四年
『落城の賦』
森繫久弥さんの舞

特別番組
『小唄振』
市丸さん

でも、人の心を打たないものはだめなものだと思う。

酒に思う

私は『酒は涙か……』で世の中に出たほどだから、酒飲みの気持ちはよくわかっているつもりでいる。私の家系には大酒飲みの血が流れているらしい。親類も兄弟もじつによく飲み、一升も二升もという者が多い。

飲めば飲んだで、つきもののけんかを始めた。小さい頃からこうした醜態をいやというほど見せつけられて育った私は、酒にたいして大変に憶病になってしまった。私も飲むには飲んだ。今でも血圧を心配しながら飲み、少しでもからだの調子がよいと底なしに飲む。だが、この気違い水の結

『無法松の一生』昭和三十三年
〽小倉生れで　玄海育ち
口も荒いが　気も荒い
無法一代　涙をすてて

『浅草慕情』昭和三十八年
〽今日もしょんぼり観音さまへ
そっと両手を合す娘《こ》に

『白い小指の歌』昭和三十四年
〽白壁土蔵の　つづく路
鳥が三羽　茜空

『遊俠街道』昭和三十九年
〽敷居三寸　男が跨ぎゃ
そとは白刃の　くらやみ街道

フィーナーレの光景

果を知っているだけに中々酔わない。酒を殺して飲んでいるのだ。

兄弟の中でも、酒豪の筆頭は弟の治朗だった。三船十段にかわいがられ講道館の六段にまでなった男だけに、体力にものをいわせて飲むのも派手ならば暴れるのもすごかった。若い頃私は治朗とわび住いをしていた。大学を出てコロムビアに入社したその年の暮のこと、生まれて初めてまとまった金を手にしたので、弟がかねて念願だった大島のきものとセルのはかまを新調してやった。十二月三十一日に注文の品が届いたので、大喜びの治朗を見て「ああ、これでいい正月が迎えられる」と、苦労の多かった過去を思い出して胸を熱くしたものである。

ところがである。新調のきものを着て小躍りして出かけた弟はそれきり帰ってこない。大みそかと元日は、弟に裏切らたくやし涙のさんさんたる日と変りはてた。二日の朝である。「ちょっと来てください。とても私の手にはおえません」運転手が助けを求めてきたのでかけつけると、真冬にフンドシ一つ、ぐでんぐでんの弟が自動車のなかで大の字にひっくり返っている。新調の着物はあわれにも泥んこで足もとにまるめられているのである。このやろとばかりに、柔道六段の巨体を引きずって井戸端に横たえ、頭からジャージャー氷のような水をぶっかけた。「兄さん、すまん。ほんとに申しわけなかった」この騒動中、突然藤山一郎君がやってきた。よっぽどすさまじい光景だったのだろう。藤山君は時折このときの話をする。

アルコールといえば、このごろのビヤホールは女性が多くなった。男たちがそそのかして連れてくるのであろう。酒が入ると美しく気品を増す女性がいる。だがこの種の人はきわめてまれであり、たいていはでれっと締りがなくなる。これをみると酒は人間を見分けるリトマス試験紙であると思うことがある。

酒に学んで

〽ああ　いやんなっちゃった、で売出した歌謡漫談の牧伸二君が事故に会い、文字どおり「ああ、いやんなっちゃった」とこぼしていた。それに八波むと志君が死に、五味康祐氏が重傷をおって、芸能界でも文化界でも、交通事故防止の会みたいなものをつくっている。飲酒の状態で車を運転して、あたら自分の人生の操縦まで誤ってしまう例が、最近やたら多くなったようである。

私は昭和五年から自動車に乗っていて、無事故といいたいが一回だけ失敗がある。戦前は車が少なかったから、目の検査だけで免許証をくれていた。ある日、友人四、五人を乗せて混雑した難所にさしかかった。そのときである。うっかりアクセルとブレーキをまちがえて踏んでしまった。けがはなかったが、靴屋さんにつっ込み、ショーウインドはめちゃめちゃになってしまった。その以降「古賀の車だけには乗るな」という悪友たちの宣伝がきき過ぎたのと、自分を戒めるため運転するのはやめてしまった。

芸能人の事故が問題になる。芸能人は気忙しいからついスピードを出す。それに付き合いが多いので禁を犯して酒は飲む。それに「おれは顔が売れてるから」といううぬぼれも手伝って、交通事故も起こしやすい。忙しい人は、絶対に自分でハンドルをにぎるべきではないと思う。ましてや有名人の思い上がり運転などもってのほかである。

先日、私の生徒が駐車違反でつかまった。そのとき初めて無免許だとわかった。「ごまかしの生活から、いい歌が生まれるはずがない。音楽はテクニックではないのだ」と、こんこんと説教した。音楽では、自分ひとりぐらいまちがってもとか、自分だけよく見せようとかいう心のごまかしがある間はぜったいにいい演奏はできない。だが、えてしてごまかしが大手を振る現代である。

山本丈晴と富士子

山本丈晴と嫁の山本富士子のことについて書いておかねばならないと思う。これは、当時ある雑誌にも書いたことであるが、またここで書くというのも、富士子の変貌をおつたえしたいからだ。富士子はかつては日本一の美女などといわれたが、私は丈晴の嫁として身近に観察したいま、日本一の嫁ではないかと思っている。というのは、じつによく夫につかえ、かいがいしく世話をやくのである。

長い間日本一の美女などと騒がれれば、たいていの女なら鼻もちならぬ思い上がり者になってしまうものだが、彼女はべつである。私が先日訪ねたときも、富士子は仕事から帰ってきたばかりだったが、すぐ化粧を落してふだん着に着かえ、そうっと目だたずに、夫の作曲したレコードをかけるという気のきき方である。

私にたいする思いやりも実に温かい。丈晴、富士子がお中元に浴衣を贈ってくれたことがあった。富士子はいつの間に私の身体の寸法まで調べていたのであろうか、すっかり腹が出てしまった私に、全くぴったり合うのを贈ってきてくれた。彼女が東宝劇場に出ていたとき、彼女に私の選んだきものを着せてみようと思いたった。さっそく着物と帯を買いに行きプレゼントした。そのときの富士子の喜びようといったらなかった。翌日は、早速そのきものを着てテレビに出ていた。私は大いに満足した。

富士子の夫丈晴は、もと古屋武治といった。丈晴が私の前にはじめて姿を現わしたのはたしか昭和十九年、彼が十九歳のときであった。初対面でもずいぶん印象的だったので、その日のことはよく覚えている。私の留守中にきてずいぶん待ったらしいが、きちんと膝もくずさずにいた。骨と皮ばかりの痩っぽちの丈晴は「音楽の勉強をしたいのです」と、ぴょこんと頭を下げていった。語尾がすうと消えていくようなあいまいさがなく気持がよかった。丈晴は訪れるまえ私に手紙をくれた。その文面から、私は丈晴の清潔な人柄を感じたので、私としては珍らしく、上京のとき訪ねてくるようにと返事を出したのであった。

当時、私は女中と二人暮らしだったから、私は丈晴に「書生代りに、この家にいて勉強してみたらどうだろう」と提案した。すぐ話は決まって、丈晴は私の家に越してきた。私は武治という本名を、音楽家らしく丈晴にかえることを思いついた。

その後丈晴の故郷に疎開して、丈晴の母親にはじめて会ったとき、私は死んだ母を思い出した。心があたたかく、自分の幸福よりさきに人の幸いを考える。日本の典型的な母に出会ったように思った。さきに貰った養子は応召で戦地に行っているのでどうなるかわからなかった。そこで私は丈晴の母親に会ったとき、丈晴をわが子として育てあげようと決意したのだった。親になった私は、同時に丈晴の先生でもあったから、あまり優しい親ではなかったかも知れなかった。それに丈晴は丈夫な体質ではなかったから、それを一そう感じていたように思う。

丈晴はその後胸を患った。戦争が終ってから数年間闘病生活を送らなければならなかった。まだストマイのない時分である。医者は深刻な表情で私に恐ろしいことをいった。「どうも、いけません。一生癒らないかも知れません。」いまなら笑い話ですむところだが、丈晴の病気を癒すべく、その日から闘病生活が始まった。できるかぎり養生させ、いやがる丈晴を引き立てて占い、お灸、祈祷、なんでも胸にいいと聞けばそこへ飛んでいった。わが子を持たない私であるが、這えば立て、立てば歩めの親心、というのは一とおりはわかっているつもりである。闘病生活中、医者や知人はみな丈晴のことを「いい青年ですのに、一生闘病生活は惜しいですね」といって惜しんでくれた。それは義理の親としては大きな誇でもあった。丈晴は誰からも愛された人だ。

富士子がいつ丈晴に好意を抱くようになったかは知らない。私の家に歌を習いに通いはじめたのは、たしか昭和三十年ごろだったと思う。その頃、富士子の家が近かったせいもあって、やがて、私の家とは家族ぐるみの交際がはじまった。いつのことだったか、私は丈晴が車庫から車を出そうとしているのを見かけた。何げなく行く先きを訪ねると、「お富士さんが、迎えにきてくれというので、これから大映の撮影所まで……」という答がかえってきた。迂濶な親ではあるが事態はうすうす察していた。私の心配は、富士子の親が果たして知っているのだろうか、ということであった。その後、機会をみて話したところ、返事は予想したように「知らなかった」ということであった。私はさっそく切り出した。「お互いに好き合っているものなら、どうでしょうか、いただけませんか」それは、当時の富士子の両親にとっては、全く想像もできないことだったのだ。「世間知らずですから……」ということであったが、そんなことよりも、眼に入れても痛くない愛な娘であったのだ。どうして手放すことができようか。私に痛いほだ、それがよくわかった。

それから、間もなく、私の家で、富士子の両親と私たち親子の五人が集まった。私の生涯で最も辛い残酷な時間であった。丈晴にとっても、また富士子にとってもそうであったろう。こんなことがあってから、丈晴は私の許を去っていった。「なにもかも新規まき直しで頑張りたい。なんでもいい、もう一度やりたい」そう口ぐせのようにいい、富士子の思い出からのがれるように去っていった。

それから半年後、富士子のお母さんが突然来られて「一度お断りしたのですが……」と私に恐縮しながら、意外なことを告げたのだった。その時、私は丈晴をせがれながら天晴れな男だと思った。どんな障害があっても乗りこえて、初志をあくまで貫徹するなどという話は、近ごろあまり聞かなくなったことだ。それでこそまた富士子も見込んだのであろう。しかし、そのとき私は、親というものは寂しいものだと思った。手塩にかけたむすこでも、成長するとすぐ結婚し、愛情は花嫁に奪われてしまう。挙式の日の父親というものはみなこんな悲しいものなのであろう。

だがふしぎなもので、さいきんはまたちがったむすこへの愛情をもつようになった、というのは、夫をいたわる態度、それにこたえる丈晴のようすなどを観察しているうちに、もう完全に親をはなれたたのもしいひとりの男性像が描かれてきて、なにかほのぼのとした幸福感が私の胸をうつのである。

忘れ得ぬ人々

萩原朔太郎さん

私は仕事上、詩人や画家との交友に恵まれてきた。このことは私の生涯にとってありがたいことだと思う。

朔太郎さんを知るようになったのは、わたしと長年コンビを組ませてもらった佐藤惣之助さんと義兄弟だったことからである。つまり惣之助さんの奥さんの兄が朔太郎さんだった。萩原朔太郎詩集は、いまでもかくれたベストセラーらしいが、明治以来の日本の詩壇のなかで、ほんとうの詩人はかれ一人だという人も多い。『日本のボードレール』という声も聞く。それからの朔太郎さんはいつもわが家に、マンドリンをひとつぶら下げてふらりとやってきた。「古賀さん、またひとつ頼みますよ」マンドリンの調律を終ると、縁側に私を誘いだしては、ギターの伴奏をねだった。朔太郎さんのマンドリンは決ってほめたものではなく、とだえとだえのトレモロに、伴奏の私はいつも苦笑しながらつき合ったものである。

朔太郎さんは月がとてもすきだった。月の美しい夜になると、必ずといっていい程、なにか誘れるようにやってきた。

処女詩集『月に吠える』は、あの病的な鋭い幻覚と異常な官能によって、当時の詩壇に大変な衝撃を与えたものであった。マンドリンは、たいてい月のなくなる夜明けまで続いた。マンドリンに疲れるとこんどは詩論が始まった。惣之助さんと連れだってみえるときが多かったので、いつも攻撃相手は惣之助さんだった。大衆詩の惣之助さんと純粋詩の朔太郎さんは、全く世界を異にする二人ではあったが、朔太郎さんのほうは容赦がなかった。あわれにも惣之助さんはいつもちゃかぽんだった。

惣之助さんを攻めたてるときの朔太郎さんの詩にたいする激しさと厳しさは容赦がなかった。この場面をみて、私も「うかつな仕事はできないぞ」といつも身のひきしまるものを覚えたものだ。ニーチェやショーペンハウエルに没頭し、西洋的えん世思想と、東洋的虚無思想を色濃く宿していた朔太郎詩集が、太平ムードの現代に広く読まれているという理由を私はよくわかるように思う。だが朔太郎詩集の生命力は、なんといってもあの厳しさである。自分の詩は「病める魂の所有者と孤独者との寂しいなぐさめだ」といっておられたが、現代なお衰えぬあの詩の新鮮さは、朔太郎さんの魂の苦悩がいかに深かったかを示している。朔太郎さんは、意識的に芸術的なポーズをとりつづけた詩人だった。

そんな彼が私の歌の称賛者だったことは意外であった。朔太郎さんは、これからの日本芸術は西洋かぶれの模倣でなく、伝統のクラシズムのなかへの逃避でもない。民衆の真の現実感情に密着して、いかに独特のものを生みだすかだとして、啄木と並べて私を力づけてくれた。だが、朔太郎さんがもっと音楽に明るかったら、きっと私も惣之助さんのように攻撃されていたかもしれない。

西条八十さん

西条八十さんは私に会うとよくこういった。「きみたち作曲家は、つくづくうらやましいよ。美人の歌手を相手に、いつも楽しく過ごしてりゃいいもの。その点、作詩家は損な役回りだな。歌詞ができたとたん、もう捨て猫同然さ」そこで私も「詩人みたいに気楽な家業もないもんですよ」とやり返す。

八十さんは、ほんとうに才人である。女心のやるせなさを表現して、これほど心憎い詩を作る人を知らない。とくに花柳界の女をつかむことにおいては日本一であろう。

私は若いころへ旅のツバクロ、寂しかないか……、という歌い出しで始まる『サーカスの唄』の歌詞をもらって、思わずうなったことがある。「いやぼくも、まったく未味清新なメロディーにうなったよ」と、八十さんもほめて下った。私はすばらしい歌詞をみると、まっこうから竹割にされたようなショックを覚える。そして、この太刀をいかにして切り返すかに激しいファイトを燃やすのである。だがさいきんではこのような歌詞を与えてくれる作詞家はいなくなった。白秋、惣之助なきあとは八十さんをのぞけば歌謡曲の作詞界は寂しいかぎりである。詩にたいしては門外漢の私であるが、詩を素材にして長年暮らしてきた私の実感としてそう思うのである。

現存作詞家の大半は詩人（ポエット）ではなく、たんなる詞人（ワーズ・ライター）にすぎないようだ。歌謡曲の場合、あくまで歌詞が主人でメロディーは妻だと思う。その妻が幾人かの夫をとりかえてみて、つくづくとたのもしく思う男性というのはそうざらにいるものではない。八十さんは、純粋詩と大衆詩のふたまたをかけた人で、白秋の存命中は純粋詩において白秋と並び称された。八十さんが白秋とちがうのは、白秋のたくまざる才能の詩にたいして、八十さんは大変な技巧派だということである。失礼かもしれないが、ことばの豊富さテクニックのうまさでは天下一品である。

『初恋の唄』『涙の渡り鳥』『サーカスの唄』『誰か故郷を想わざる』『ゲイシャワルツ』『赤い靴のタンゴ』など、いっしょの仕事はかなりの数にのぼっているが、途中で専属がかわったりして続かなかったのは残念だった。

八十さんは大変なフェミニストである。しかも少々くずれたような女が好きである。うそつきでかんぺきが強く、いいたい放題でどうしようもないあばずれ。だんなの目を盗んではすぐ男をつくるような女、そんな女性が八十さんのお気に入りだといいたい。

北原白秋さん

白秋といえば柳川。柳川といえば白秋。筑後柳川は白秋でもつ、といったら叱られるであろうか。

詩人との交遊の多かった私にとって、かえすがえすも残念なことは、とうとう白秋さんと一度もまみえることがなかったことである。白秋の故郷と私の故郷は、距離にしてほんのわずかなのである。それだけに白秋の切々とつづるノスタルジアは、じつは私の望郷の詩でもあった。

『邪宗門』『思い出』『水墨集』など出版される詩集はかたっぱしからむさぼり読んだものだ。朔太郎さんがみえると、よく白秋の話が出た。これもわたしに白秋熱をかりたてた。

鈴木三重吉らと『赤い鳥』による童謡運動にも参加した白秋であったが、レコードとの関係が薄かった。西条八十さんのように各レコード会社に出入りしておれば、きっと会えたに違いないと思えばくやしいかぎりである。

〃帰らなむ　いざカササギ〃（帰去来の詩）

筑後平野に群がるカササギに託して唄った白秋の望郷の心情に、幾度か私も年老いた母のもとに帰りたい衝動にかられたものだ。私がまだ貧乏学生の頃、白秋はすでに詩壇に輝く堂々たる騎士だった。私の歌が、どうやら世間で認められるようになり、これで白秋と会えるかも知れないと期待の数年を過ごすうちに、とうとう白秋は没してしまった。

「柳川もきたなくなりましたよ」柳川をおとずれた人がよく私にそう教えてくれる。聞くたびに、変わり行く故郷にどうしようもない寂しさをおぼえる。子供の頃、筑後平野のたにしみたいにして育った私が、水汲場にいくと清流に小魚がいっぱい遊んでいた。タオルですくうとめだかは陽光にきらきらとはねた。あの流れももうずいぶんにごってしまったことだろう。

むろん昔の柳川を知っている私でも、白秋の詩は、現実よりずっとすばらしく思われたことはたしかだ。『邪宗門』のあのすばらし散文詩を読んだ人は、当時だって、現実の柳川に「なあんだ、こんなものだったのか」と思ったにちがいない。白秋さんは音楽こそやらなかったが、かれの詩はリズムにあふれまるで音楽そのものであった。私は白秋の詩を一編でもよいから作曲したい、というのが昔からの念願であったし、今もそうである。

野田宇太郎さんと会ったとき、野田さんは「それはいい。私からもぜひお願いしたい」といなくなる少し前、白秋が自分の詩に私の作曲を希望していることを人づてに聞いた。だが白秋の死によって私の感激もつかのまで終った。

って『〃カササギ〃なんかどうですか』と朗読していただいた。

ふるさとの　ネムの木蔭を流れ行く
水の音なり　カササギの　白き羽根
月の夜と　うつる空なり……

三味線豊吉さん

豊吉さんはもともと吉原の芸者だった。吉原といえば芸のきびしさで有名であった。バチで数百回となくなぐられなければ一人前の三味線ひきにはなれない時代であった。

初めて会ったのは、たしか新橋の料亭であったろう。「ほほう、いい音だね、あんたの三味線はおそらく日本一だよ」あまりのうまさに私はうなったものだった。すると、その芸者は「あなたが……『酒は涙か』の古賀さんですか」というなり、三味線を私の前に投げ出した。「これに、左馬の字を書いてください」右馬なら書けるが左馬はだめだと断ったが、すさまじい芸に執念の女だった。その後、私のレコードの三味線は、ほとんど彼女が受けもってくれた。戦後はＮＨＫのトンチ教室に出たりして活躍し、男まさりの彼女は全国的に有名になった。だが惣之助さんと同様彼女も、全くの孤独のなかで死んでいった。

佐藤惣之助さん

昭和歌謡曲の作詞界を二分した男は西条八十さんと惣之助さんであったが、惣之助さんのなくなった年を調べてみたら、昭和十七年五月だった。早いものである。

わたしとコンビになった作詞家のうちでいちばん多いのは惣之助さんである。私の全作品の半分ちかくは惣之助さんのお世話になっている。従って、惣之助さんが他界してから今日まで、私は毎日線香を欠かしたことがない。惣之助さんをご存知ない方でも作品の名をあげれば、なつかしく思い出していただけよう。

〽男いのちの純情は（男の純情）

〽泣くな妹よ　妹よ泣くな（人生の並木路）

〽やると思えばどこまでやるさ（人生劇場）

〽青い背広で心も軽く（青い背広で）

ああそうか、というのがいくつもあるはずである。

私は、いい詩をみると、ゾクッとする。身の毛が総毛立つとか武者ぶるいする、という形容があるが、まさにそのとおりの感じを自分の心に受ける。こういう詩にぶっつかると、私はできるだけ作曲に入るのをのばす。まず暗記にかかる。いつもそばにおいて、ひとりで口について出てくるようになるまで親しむ。そのころになると、詩の心もリズムもからだ中が覚えこんでしまい、しだいと詩吟みたいに立体的なイメージになる。詩の心に合った曲想がわいてきてメロディーが浮かんでくる。ここが山だ、ここでぐっと歌いこんでひたすらにメロディーを追い求めて行く。私が楽器を手にするのは作曲の最後である。惣之助さんの歌詞は、無造作にずばりといってのけたようで、しかも限りない愛情を味あわせるものだった。

人間的にも大変温い人だったが、不幸にして子供さんがなく晩年独りで死んでいった。惣之助さんの釣り趣味は、この家庭的なわびしさの反映だったような気がする。私がしんそこから創作の意欲をもちだしたのは惣之助さんを知ってからであった。それまではヒットしたからよかったんだろうぐらいにしか考えていなかった。真剣に自分の心をはき出そう、そこにはきっと大衆の心を打つなにものかが生まれるはずだ——と惣之助さんの詩が教えてくれた。

「古賀さん、釣りというやつぁね、女を口説くのと同じなんだよ。たとえばアユね。これはいわば純情な娘さんだね。誘惑して釣り上げるのが大変むずかしい。しかも一度振られたら、もう絶対にかからない。黒だいは、こりゃあ年増女だな。長いことさんざんじらすが、いざというときには思いきりよくグーッときちゃってねえ」佐藤惣之助さんは、釣り談義になると、いつも目を細めてこのたとえ話をした。朝早く起きて自分で弁当をこさえ、終日うきを見つめて暮らした彼の人の境遇は、私にどこまでも似ていた。そして孤独な人生を釣りにまぎらして死んでいった。釣のことを話す惣之助さんの言葉がいまでも鮮かに耳もとによみがえってくるようである。

私はある新聞の連載物に佐藤惣之助さんの思い出を書いたところ、すぐにひとりの婦人から美しいお便りをいただいた。「ことしも、またアサガオの季節がめぐってきました。この花がほころぶころになると、いつのまにかわたくしは、あの『朝顔の唄』を口ずさんでいる自分に気づくのです。そして、遠く過ぎ去った青春が、あたたかくよみがえり、わたくしはすっかり、お下げ髪の少女に立ち返れるのです——惣之助さんの歌詞は、朝顔のかわいツボミが筆ならば、水くきの跡もさわやかに、あなたに、文を上げるように」といった内容のものだった。こうしたかくれたところに惣之助さんの根強いファンがいる。

三浦環さん

三浦さんにはたしかに誤解をうけるようなところがあった。彼女は生活といい感情の表現といい、まるで子供のように無邪気でとっぴょうしもなく、私の家にくるときはたいてい真っ赤な振袖姿であった。いまならまだしも戦前のことであり、人並みはずれたことをするのには大変な勇気のいった頃である。しかも五十をすぎたおばあちゃんのことである。未知らぬ人たちは気狂いと思ったに違いない。

帝劇で日本最初のオペラを上演した彼女。欧州各国に幾度も渡り『マダム・バタフライ』の名プリマドンナとして、日本人では異例の堂々たる歌手の座を築いた彼女だが、カルーソーと共演したこの大ソプラノ歌手も、軍国主義と封建色の強かった戦前の国内では、決して幸福ではなかった。

三浦環さん

戦争中は三浦環女史とは苦労を共にした。その頃の環さんはすでに晩年であったが，この人の声量はいささかの衰えもなかった。

昭和十年の帰国のおり、彼女はご主人の墓参りをした。だがひざまずいて静かに合掌するという通例の日本人の習慣を無視した。彼女は墓石に手をおいて、泣きながら名ソプラノで歌ったのである。外国でなら感動的な墓参だとほめられたであろうが、日本の新聞では気障だといってさんざんだった。

そのころ私はあるニュース映画を見たことがあった。そのスクリーンに出てきた彼女は、お蝶夫人の振袖姿で日本の歌を歌い、最後に欧州人観客の前で「大日本帝国万歳」を叫んだのである。わが国と欧米諸国との仲が悪くなりかけていた当時、外国で彼女ほどの勇気を示しうる日本人がはたして何人いただろうか。

ある日、この三浦さんと夕食をともにした。このとき彼女は「古賀さん、あなたの歌こそ、ほんとうの日本の歌ですよ。私は、あなたの歌に恋をしているの。日本にも、もっともらしい歌曲が出てきましたが、こんなの、みんなアチラのまねごとなのよ」と励ましてくれた。

戦争になった。私と環さんとはタマネギの一つ、トウモロコシの少しでもわけ合う付合いになった。彼女が樺太に公演旅行したのはそのころである。客は入らない。ピアニストも付き人も帰るといいだした。やっと説得して公演したその晩も聴衆わずか百人ぐらい。畳敷きの劇場にみんな寝ころんで雑談ばかりしている。そこへ真ッ赤な振袖のばあさんが出た。「ひっこめ！」「幕を閉めろ！」と大変な怒号。だが彼女はヤジと混乱の中で歌い続けた。怒号がやんだ。寝ている人が起き上がった。そして最後には、熱狂的なアンコールの拍手に変った、ということだった。

戦前戦後を通じて、三浦さんほど偉大な芸術家はいないと思った。毎朝、線香の煙の行方を見ながらほんとうにそう思うのである。

歳月のうつろいは激しく、わたしを知る友は大分亡くなった。寂しい私に十三本の線香だけが残された。十三本の線香は三百六十五日、一日も絶えることなくわが家の仏壇にくゆりつづけているが、線香を供える主たちはいずれも不幸で身寄りがなく、おそらく、わたしがあげる以外にはだれも線香をあげてもらえそうもない人たちである。

このほか、わが家で息を引きとったばあやたちのもある。こうして、孤独な線香ばかりが集まる。孤独な線香群と孤独な私。彼岸やお盆のたびに、ひときわ線香の主たちのことがしのばれてくる。

〈了〉

年	月日	歳	出来事
			念「古賀政男大全集〜歌は我が友我が心」（LP20枚組240曲）を発売。
1978(昭和53)年	1月24日	〔73歳〕	コロムビアよりゴールデン・ディスク賞を受賞する。
	2月3日		テイチクより作曲生活五十周年を記念し、また功績を称えられて「特別功績賞」を受賞する。
	6月17日		明治大学マンドリン倶楽部第102回定期演奏会（杉並公会堂）が最後の指揮となる。
	7月25日		午後1時15分、代々木上原の自宅で急性心不全で逝去（享年73歳） 同日付けで従四位に叙せられ、銀杯を下賜される。また、福田赳夫内閣総理大臣より国民栄誉賞を受賞。同じく明治大学より名誉博士号を贈られる。
	8月8日		東京・青山斎場で「故・古賀政男音楽葬」が行われる。
	9月20日		郷里・大川市より「名誉市民」の称号を受ける。
	11月15日		第9回日本歌謡大賞「特別功労賞」を放送音楽プロデューサー連盟から贈られる。
1979(昭和54)年	1月18日		文部大臣より「財団法人古賀政男音楽文化振興財団」設立許可される。
	1月23日		コロムビア・ゴールデン・ディスク賞「特別功労賞」を贈られる。
	2月1〜7日		古賀政男追悼演奏会・国民栄誉賞に輝く古賀政男を偲び、「我が心の歌」を東京・日本劇場で開催。出演者および関係者よりブロンズ像を贈られる。
	3月1日		代々木上原の自宅を整備し、古賀政男記念博物館として開館。
1982(昭和57)年	3月1日		郷里・大川市字三丸に博物館の分館として古賀政男記念館開館。
1983(昭和58)年	7月25日		分館に古賀政男の生家（増築）公開。
1997(平成9)年	5月1日		古賀政男音楽博物館として新たに開館。

年	月日	歳	出来事
			舞踊界、邦楽界の豪華メンバーの祝い出演で大盛況。本人も「羽根の禿」を踊り大喝采を博す。
	12月		日本レコード大賞特別賞を「東京五輪音頭」(歌唱・三波春夫)で受賞する。
1965(昭和40)年	3月22日	〔61歳〕	NHKより永年の功労に対し、「NHK放送文化賞」を受賞する。
	4月		宮中園遊会に招かれる。
	4月30日		自叙伝「我が心の歌」を刊行。
	12月25日		日本レコード大賞グランプリを「柔」で受賞する。
1966(昭和41)年	6月10日	〔62歳〕	「悲しい酒」(作詩・石本美由起、歌唱・美空ひばり)発売。
1968(昭和43)年	5月	〔64歳〕	コロムビアより作曲生活四十年記念、古賀政男大全集『我が心の歌』(LPレコード7枚組101曲)が発売される。
	11月16日		紫綬褒賞を受賞。
1969(昭和44)年	5月16日	〔65歳〕	天皇・皇后両陛下に招かれて赤坂御苑の園遊会に参内。
1971(昭和46)年	12月31日	〔67歳〕	NHK紅白歌合戦に出演し、村田英雄歌唱の「人生劇場」を指揮する。
1972(昭和47)年	4月28日	〔68歳〕	作曲生活45周年「古賀政男のテーマによるシンフォニー・コンサート」を日比谷公会堂で開催。
	11月		明大マンドリン倶楽部創立より半世紀。永年にわたる同倶楽部への功績を認められ、明治大学総長より感謝状を受ける。
1975(昭和50)年	4月29日	〔71歳〕	勲三等に叙せられ瑞宝賞を受賞する。
1976(昭和51)年	11月12日	〔72歳〕	天皇陛下御在位五十年記念お茶会にお招きを受けて参内する。
1977(昭和52)年	6月11日	〔73歳〕	明治大学マンドリン倶楽部第100回記念定期演奏会が中野サンプラザで開催され、シューベルト作曲「未完成交響曲」第一楽章を指揮する。
	10月25日		コロムビア、古賀政男作曲生活五十周年記

年	月日	歳	出来事
			「うちの女房にゃ髭がある」「青い背広で」「人生劇場」などが次々と大ヒットし、古賀政男黄金時代を迎える。
1938(昭和13)年	5月	〔34歳〕	渋谷区代々木上原に新築の家完成。
	11月14日		外務省音楽親善使節としてハワイを経てアメリカへ向けて旅立つ。
1939(昭和14)年	4月7～8日	〔35歳〕	日米間のかすがいとしての二世のために新曲「二世行進曲」「二世娘行進曲」を作曲。ロサンゼルスのヤマト・ホールで慈善演奏会を開催。
	6月28日		アルゼンチンのブエノスアイレスでラジオに出演。地元の楽団を指揮した。
	8月31日		アメリカのＮＢＣ放送が全世界に向けて古賀メロディーを放送した。「ああそれなのに」「男の純情」「酒は涙か溜息か」「丘を越えて」など5曲をとり上げた。
1940(昭和15)年	2月	〔36歳〕	「誰か故郷を想わざる」「新妻鏡」がヒット。
1945(昭和20)年	3月	〔41歳〕	山梨県河口村（現・河口湖町）に疎開。
1946(昭和21)年	5月	〔42歳〕	敗戦の焼け野原に立つ傷心の人々をいやすように、「麗人の歌」「悲しき竹笛」「三百六十五夜」を発表。
1948(昭和23)年	9月	〔44歳〕	「湯の町エレジー」発売。近江俊郎の最大ヒットとなる。
1949(昭和24)年	10月	〔45歳〕	「古賀政男作曲生活20周年記念大公演」を日本劇場で2日間開催、大盛況を博す。
1955(昭和30)年	5月18～30日	〔51歳〕	神楽坂はん子、青木光一、並木路子らと九州巡演を行い、途中26日に郷里大川市に立ち寄り、大歓迎を受ける。
1960(昭和35)年	12月	〔56歳〕	日本レコード大賞・作曲賞を「白い小ゆびの歌」で受賞。
1963(昭和38)年	1月10日	〔59歳〕	天皇陛下のご招待で「新年御歌会」に参内。
	7月		ＮＨＫが公募した「東京五輪音頭」の作曲者に選ばれ、各レコード会社の競作となる。
1964(昭和39)年	12月10日	〔60歳〕	「古賀政男還暦を祝う会」が東京・宝塚劇場で開催され、歌謡界、映画界、歌舞伎界、

[古賀政男年譜] 　　**資料：(財)古賀政男音楽文化振興財団**

年	月日	歳	出来事
1904(明治37)年	11月18日	〔誕生〕	福岡県三潴郡田口村（現・大川市）で、父・喜太郎、母・セツの五男として生まれる。
1912(大正元)年	8月1日	〔8歳〕	母、姉、弟とともに朝鮮の仁川に住む長兄・福太郎のもとに身を寄せる。
1917(大正6)年	4月5日	〔13歳〕	京城善隣商業学校に入学。
1923(大正12)年	4月10日	〔19歳〕	明治大学予科に入学。マンドリン倶楽部の創設に参加（当時の部員12〜13名）。
1924(大正13)年	4月24日	〔20歳〕	日比谷音楽堂で今上天皇陛下祝賀音楽会に出演。
	5月31日		明治大学マンドリン倶楽部第一回春季大演奏会を上野公園自治会館で開催。第1マンドリンを担当。
1929(昭和4)年	3月	〔25歳〕	明治大学商学部を卒業。
	6月22日		明治大学マンドリン倶楽部第11回定期演奏会に人気歌手佐藤千夜子の特別出演を得て、指揮をする。
	12月23日		佐藤千夜子の紹介で、ビクターで「娘心も」「日本橋から」「影を慕いて」など6曲を佐藤千夜子の歌唱で吹き込む。これが作曲家としてデビューのきっかけとなる。
1931(昭和6)年	3月	〔27歳〕	コロムビアと専属契約（専属料月額120円）を結び、作曲家として第一歩を踏み出す。
	6月20日		コロムビア初吹込みの「乙女心」関種子、「キャンプ小唄」藤山一郎が発売される。
	9月		藤山一郎が歌唱した「酒は涙か溜息か」「丘を越えて」が矢つぎ早やに大ヒットとなる。
1932(昭和7)年	2月20日	〔28歳〕	藤山一郎歌唱、古賀政男ギター伴奏の「影を慕いて」が発売され、大ヒットとなる。
1934(昭和9)年	5月15日	〔30歳〕	コロムビアを円満退社し、テイチクに入社。
1935(昭和10)年	6月末日	〔31歳〕	日活映画「のぞかれた花嫁」主題歌「二人は若い」を発売。テイチク創立以来の大ヒットとなる。
1936(昭和11)年	5月31日	〔32歳〕	藤山一郎歌唱の「東京ラプソディ」を吹き込む。以後「男の純情」「人生の並木路」

日本音楽著作権協会（出）許諾第2005627-001号

自伝《じでん》 わが心《こころ》の歌《うた》

2020年8月29日 新装版第1刷発行

著 者 古賀政男
発行者 唐澤明義
発行所 株式会社 展望社
〒112-0002
東京都文京区小石川3丁目1番7号 エコービル202号
電話 03－3814－1997 FAX 03－3814－3063
振替 00180－3－39624
印刷所
製本所 モリモト印刷

ISBN978-4-88546-383-9
定価はカバーに表示してあります。
落丁本・乱丁本はお取替えいたします。